Dr. med. Ruediger Dahlke

JETZT
EINFACH
MEDITIEREN!

Inhalt

Vorwort 4

Meditationseinstiege 6

Eine kurze Geschichte des Meditierens 8

Test: Welcher Meditationstyp bin ich? 16

Auswertung 18

Meditationsziele 20

Warum meditieren? 22

14 Meditationsweisen 28

1 Geführte Meditationen 30

2 Mantram-Meditationen 48

3 Zen-Meditation 55

4 Vipassana-Meditation 68

5 Neue Alltags-Meditationen 70

6 Atem-Meditation 91

7 Upekkha-Meditation 97

8 Musik-Meditation 99

9 Meditation im Stehen 102

10 Der kleine Energiekreislauf 109

11 Spezielle Meditationsanwendungen 112

12 Gebets-Meditation 116

13 Meditation(en) in Bewegung 117

14 Sport und Meditation 120

Meditieren als Lebenskunst 122

Anhang 124

Bücher & Adressen 124

Sachregister 127

Impressum 128

Vorwort

Heute zieht es immer mehr Menschen auch im Westen zur Meditation. Gründe dafür gibt es viele. Wir verlieren und vergessen die eigene Tradition und ihre meditativen Exerzitien wie etwa das Rosenkranz-Gebet, werden immer früher immer kränker und leben doch länger. In der zunehmenden Hektik und dem zunehmenden Lebenstempo kommt uns **die innere Ruhe** immer mehr abhanden und viele spüren, wie notwendig es wäre, das eigene Lebensschiff in ruhigere Gewässer zu lenken.

Dieses kleine Buch will – wie schon **Jetzt einfach fasten!** – ein einfacher und leicht umsetzbarer Wegweiser sein, der die nach ihrer persönlichen Meditationsart Suchenden dort abholt, wo sie sind – vielleicht ganz am Anfang. Es kann dem Neuling helfen, seinen ureigenen Weg zu sich selbst zu finden, und bereits Meditierenden einen Überblick über weitere Spielarten der Meditation geben, die vielleicht noch besser zu ihnen passen. Dabei mag sogar ein Meditations-Test wie der auf Seite 16 helfen.

Mein Weg in die Meditation(en)

Als Elfjähriger bekam ich bei einem Besuch bei meinem Großvater am Kochelsee in Bayern erstmals ein Buch über Meditation in die Hand. Und obwohl ich als kindlicher Bücherwurm schon viel gelesen hatte, berührte mich das Buch wie keines zuvor. Ich verschlang es förmlich und spürte, es würde mein Leben verändern. In meinem jugendlichen Enthusiasmus begann ich sofort zu meditieren, um so rasch wie möglich erleuchtet zu werden.

Überzeugt davon, dass ich, sobald ich nach Indien käme, Erleuchtung erlangte, war die erste Reise dorthin, Jahre später, enttäuschend: Ich bekam zuerst Durchfall und dann blieb auch noch die Erleuchtung aus.

Aber das Thema ließ mich nicht mehr los. Heute mit 66 meditiere ich noch immer, wenn auch seit Jahrzehnten im Zen-Stil, der besonders geeignet ist, sich in Geduld zu üben und nichts mehr zu erwarten.

Innere Welten eröffnen sich über vielerlei Pfade

Als Fan der Beatles, die in indischen Gewändern mit Maharishi Mahesh Yogi auf ihrem Album „Sgt. Pepper's Lonely Hearts Club Band" posierten, ließ ich mich in die **Transzendentale Meditation (TM)** einweihen und blieb acht Jahre dabei. Später lernte ich von meinem Freund, dem Heilpraktiker Siegfried Scharf, die **Herzens-Meditation** kennen, Jahre später bei Swami Hariharananda die **Kundalini-Meditation**. Dann als Sannyasin bei Bhagwan-Osho machten wir die **aktiven Meditationen**.

Wieder einige Zeit später hatte ich in meiner Praxis in München im Rahmen des Instituts für außerordentliche Psychologie von Thorwald Dethlefsen die **geführten Meditationen** kennen- und schätzen gelernt. Schließlich stieß ich auf die **Zen-Meditation** und speziell deren Variante der Sitz-Meditation anlässlich eines Retreats bei Zen-Meister Deshimaru. Auf meinem Weg sind mir noch viele andere Techniken begegnet wie **Mandala-Mal-Meditationen**. Auf der Suche nach lebendigen Mandalas stieß ich auf die natürlichen Mandalas von Blüten und auf unser menschliches Auge. Daraus entwickelte sich eine **Partner-Meditation,** die ich bis heute anleite. Verbunden mit dem **meditativen Garten** der Zigeuner, dem ich in einem Buch von Pierre Derlon begegnete und dann in der Kathedrale von Chartres, entwickelte (s)ich daraus eine weitere Meditation über die Augen, die uns leicht in eine tiefere Dimension führen kann. Noch bewegender wurde für mich die Erfahrung mit dem verbundenen Atem, einer **aktiven Atem-Meditation,** die mich schon mein ganzes Berufsleben lang begleitet.

Finde deinen Weg

Mit den Meditationseinstiegen findet jeder den richtigen Pfad in die Stille und zu seiner Insel der Ruhe, wo er wieder Kraft schöpfen und (vielleicht) auch Erleuchtung finden kann!

Auf dem Weg dorthin wünsche ich dir alles Gute!

Kapitel 1

MEDITATIONS- EINSTIEGE

Eine kurze Geschichte des Meditierens

In der östlichen Weltsicht nimmt Meditation eine herausgehobene Stellung ein, die sich bis in die Heilkunde der alten Chinesen mit ihrer **traditionellen chinesischen Medizin (TCM)** und der Inder mit dem **Ayurveda** hinein spiegelt. Die westliche Medizin hingegen wartet, bis etwas im Körper gestört ist und sich physische Symptome zeigen, um diese dann meist mit Unterdrückung oder Herausschneiden aus der Welt zu schaffen. Lediglich die im Westen entstandene Homöopathie sieht diese Störungen anders und behandelt sie auch

INFO GLEICHES MIT GLEICHEM BEHANDELN

Ihrem Grundprinzip, dass **Symptome mit den Mitteln behandelt werden, die diese normalerweise hervorrufen,** verdankt die Homöopathie ihren Namen: Der deutsche Apotheker und Arzt Samuel Hahnemann stellte Ende des 18. Jahrhunderts den medizinischen Grundsatz auf, demzufolge Ähnliches Ähnliches heilt. Das Wort „Homöopathie" stammt aus den griechischen Wörtern „Homoion" (für „ähnlich") und „Pathos" (für „Leiden"). Homöopathie ist eine eigenständige Therapieform und arbeitet mit Einzelarzneien, die am gesunden Menschen geprüft sind und nach der Ähnlichkeitsregel in potenzierter Form verordnet werden. Rund 2500 verschiedene homöopathische Arzneien gibt es heute – sie stammen aus Mineralien, Pflanzen, Tieren und Tierprodukten. Jeder dieser Stoffe verursacht bei einem gesunden Menschen bestimmte Symptomkombinationen. Und für jedes dieser Beschwerdebilder eignen sich als Heilmittel nach Hahnemanns Lehre eine oder mehrere Substanzen.

entsprechend. Ein Grund, weshalb diese Form der Heilmethode auch in Indien so rasch, so früh und so tief greifend Fuß fassen konnte.

Dem entspricht auch die Hierarchie der **integralen Medizin,** da sich – wie jeder, der mitunter im Haushalt tätig ist, weiß – eine Treppe leichter von oben nach unten als umgekehrt kehren lässt. Nur **die Schicksalsgesetze** als Spielregeln des Lebens sind mir ähnlich wichtig wie die Meditation, da sie ebenfalls unser Bewusstsein prägen. Sie werden gefolgt von den „Säulen der Gesundheit" wie Ernährung, Bewegung und Regeneration.

Die Verbindung von Körper und Seele

Die Geschichte der Meditation beginnt nachvollziehbar im Osten. Und selbst die aus dieser Region zu uns kommenden Übungen und Exerzitien wie etwa Yoga sind tatsächlich nur in Verbindung mit Meditation zu verstehen. Yoga ohne Bewusstheit reduziert sich auf ein reines Körpertraining, an dem man im asiatischen Raum weitgehend uninteressiert ist. Im Gegenteil, denn das Sanskrit-Wort „Yoga" heißt zu Deutsch: „Joch". Das bedeutet, Seele und Körper unter ein Joch zu bringen, sie also zu verbinden. Erst daraus entsteht jenes Körperbewusstsein, das Yoga-Übende erleben und schätzen.

Die frühesten Spuren von Meditation finden sich in den **Veden** (sanskr.: veda – Wissen) den Heiligen Schriften des heutigen Hinduismus. Allerdings haben deren hohe Priester, die Brahmanen, indem sie daraus eine Religion, eben den Hinduismus machten, komplizierte Vorgaben und Bedingungen entwickelt und auch bestimmte Rituale eingeführt. Diese lassen die Meditation geradezu kompliziert erscheinen und für westliche Menschen ist der Einstieg umso schwieriger. Bis ein Ergebnis aus Sicht dieser Tradition überhaupt als Meditation einzustufen ist, dauert es Jahre.

Der Königsweg zur Meditation
Da wirkt der aus dem Hinduismus entstandene Buddhismus schon viel freundlicher auf westliche Menschen. Aus buddhistischer Sicht ist tatsächlich jede Tätigkeit, die mit Bewusstsein verbunden ist, Meditation und das reicht vom Gehen über das Teetrinken und das Betteln bis zum Abspülen in der Küche. Hinduismus und Buddhismus verhalten sich in etwa wie unser Altes zum Neuen Testament.

OSCAR WILDE

»NICHTSTUN IST
DIE ALLERSCHWIERIGSTE
BESCHÄFTIGUNG
UND ZUGLEICH DIEJENIGE,
DIE AM MEISTEN GEIST
VORAUSSETZT.«

Die östliche Einstellung zur Meditation

Im asiatischen Kulturraum gibt es für die Meditation eigentlich nur ein Ziel zu erreichen: das Erlangen von Befreiung oder Erleuchtung. Ansonsten geschieht die Annäherung an dieses letzte Ziel eher absichtslos. Tatsächlich gibt es ebenso viele Worte für diese Seins-Ebene vollkommener Verwirklichung wie Traditionen:

Wo Buddhisten von **Satori** sprechen, jenem kurzen Moment der Erleuchtung, der sich aber vom dauerhaften Ankommen im Nirwana unterscheidet, sprechen Hindus von **Samadhi**.

Jüdische Kabbalisten nennen die höchste Ebene oder das oberste Sephirot ihres Lebensbaums **Kether**.

Im Schamanismus erklärten Don Juan und Don Genaro ihrem Schüler, dem US-Anthropologen Carlos Castaneda, die Entwicklung so: Die erste Stufe sei die des Wildes, wo man, noch völlig gefangen in seinen Instinkten beziehungsweise in Mustern, ausgetretenen und vorgegebenen Trampelpfaden folge. Auf der nächsten Stufe sehen sie den Jäger, der schon so bewusst sei, dass er dem Wild auflauern, es in Fallen locken und sich seiner bemächtigen könne. Die letzte Verwirklichung erlebt der **Krieger,** der so mächtig geworden sei, dass er sich vor niemandem beuge, und der zugleich so demütig sei, dass er niemandem erlaube, sich vor ihm zu beugen.

Aber die schamanische Tradition kann uns auch an unsere christliche erinnern, wenn etwa der große Mystiker des Mittelalters **Meister Eckhart** sinn-

 ZUM WEITERLESEN
Das lässt an die japanische Tradition der Samurai denken, die uns der Film **Der letzte Samurai** auf beeindruckende Weise nahebringt (siehe dazu die Deutung in **Die Hollywood-Therapie – Was Filme über uns verraten**). In dieser Krieger-Tradition verbinden sich meditative Elemente in der aktiven Kampf- und Kriegskunst und stille Meditation bis hin zu bewusster Dichtkunst im Sinne des Haiku.

gemäß sagt, wenn er in den Spiegel schaue, betrachte Gott sich selbst. Dieser Gedanke, der ihn während der Inquisition leicht das Leben hätte kosten können, ist keinesfalls als Anmaßung (miss-) zu verstehen, sondern drückt die Erfahrung (s)eines Gottesbewusstseins aus. Gott betrachtet sich in jedem verwirklichten Menschen und dieser erkennt natürlich und selbstverständlich in allen Wesen Gott beziehungsweise die Einheit. So erkennt der Krieger, der Gott oder die Einheit in sich verwirklicht hat, natürlich auch in jedem anderen Wesen die Einheit. Warum sollte Gott sich vor jemandem beugen oder erlauben, dass Gott sich vor ihm beugt? Buddhisten sprechen hier vom Mitgefühl mit allen fühlenden Wesen, Albert Schweitzer forderte Ehrfurcht vor allen Lebewesen ein. Christus sagt: **Liebe deinen Nächsten wie dich selbst.**

Das Bewusstsein von Einheit in der Meditation verwirklichen

Hindus gehen noch weiter, wenn sie in ihrem **Tat Tvam Asi** formulieren, sich in allen Aspekten dieser Schöpfung zu erkennen und damit ausdrücken, letztlich sei alles eins. In der christlichen Tradition sprechen wir vom Paradies oder Himmelreich Gottes, das nach Christus' Worten in jedem von uns liegt. Für den verwirklichten, den heil Gewordenen oder Heiligen, der die Einheit und sich als vollkommenen Teil derselben erkennt, ist sie natürlich und selbstverständlich auch sonst überall.

So sind sich alle Traditionen und Meditationsrichtungen einig, dass es letztlich um die Verwirklichung von Einheits-Bewusstsein geht, um die Erkenntnis also, dass alles eins ist und es auch immer war. Wenn wir bei der Vielzahl der Ausdrücke und Wege zu diesem Ziel auf die zugrunde liegenden Gemeinsamkeiten schauen, bleibt nur die Einheit, und praktisch lässt sich erkennen, dass diese Seins-Ebene gänzlich frei von Widerstand ist. Daraus folgt allerdings umgekehrt: Wann immer wir nicht auf dieser Seins-Ebene sind, also gerade kein Satori erleben und uns nicht im Paradies der Erlösung und Erleuchtung finden, sind wir im Widerstand. Eine genaue Prüfung des eigenen Alltags macht diese triste Wahrheit immer gewisser und deutlicher.

Wenn wir uns also in Meditation begeben, egal ob im stillen Sitzen oder bewussten Bewegen, gibt es grundsätzlich nur zwei Optionen: **die Erleuchtung oder alles, was ihr (noch) im Wege steht.** Tatsächlich werden wir die längste Zeit mit der zweiten Option zu tun haben und es wäre gut, sich von Anfang an darauf einzustellen.

Die westliche Einstellung

Der westliche Mensch aber hat weit vor seiner Erleuchtung meist viele andere, ihm vorrangige Wünsche und Ziele. Einen guten Test bietet dazu das einzige vom Stifter unserer Kultur hinterlassene Gebet, das **Vaterunser**. Wer die Stelle „Dein Wille geschehe ..." problemlos beten und sich dem großen Willen Gottes, der Einheit oder der Schöpfung anvertrauen kann, ist auch mit den östlichen auf Absichtslosigkeit und Gedankenfreiheit zielenden Meditationen gut beraten. Wer dagegen diese Stelle des Gebets zwar spricht, aber still für sich denkt, „Ich hätte da einen Vorschlag, bitte mach das so ..." ist wahrscheinlich ziemlich typisch westlich geprägt und meditiert erst mal, um bestimmte Vorteile für sich herauszuschlagen wie etwa Stressfreiheit und gute Gesundheit. Das macht derjenige nicht ohne Grund: Tatsächlich gibt es ja heute bereits eine Menge Studien, die belegen, wie gesund und Erfolg versprechend verschiedenste Meditationsformen sind.

Solche Gedanken sind also keineswegs verwerflich, sondern bei uns völlig normal, ja fast selbstverständlich. Kaum einer tut hierzulande etwas ohne Absicht und ohne etwas erreichen zu wollen – also frei von Hintergedanken. Wir haben nicht einmal Begriffe für solche Handlungen der Selbst- und Absichtslosigkeit wie der Osten. So bedeutet dort der sogenannte Dienst an der Welt **Loka-Sangraha,** das Rad der Schöpfung sei zu drehen, einfach weil es gedreht werden müsse, und zwar aus sich heraus und ohne Hintergedanken an eigene Vorteile. **Phala-varja** besagt nicht weniger als Fruchtverzicht, also was immer man tue, solle man tun, ohne an die sich daraus ergebenden Früchte und ihre Ernte auch nur zu denken.

Die besten Absichten

Wer also ganz bestimmte Absichten mit seinem Meditationseinstieg verfolgt, befindet sich in bester Gesellschaft in dieser Gesellschaft. Und da gibt es wundervolle Ziele! Sie heißen: Gesundheit, Ausgeglichenheit, Geist-Körper-Balance, innere Ruhe bis hin zu Stille oder auch Regeneration und Resilienz – um dieses Modewort für die Erholungsfähigkeit zu nutzen –, die am besten mit Meditation zu verwirklichen sind. Wieder zu sich finden, in die eigene Mitte kommen, genau das meint **Meditation,** wie übrigens in früheren Zeiten auch **Medizin.**

INFO **ZURÜCK IN DIE MITTE**
Das Heilmittel hieß seinerzeit, als die Medizin noch
der lateinischen Sprache vorbehalten war, „re-medi-
um", was wörtlich meint **„zurück zur Mitte"** und im
Englischen „re-medy" bis heute anklingt.

Das Wichtigste: auf dem Weg bleiben

Und was immer die ursprüngliche Motivation gewesen sein mag, wenn die Seele erst einmal Feuer gefangen hat und auf dem Weg ist, rückt über kurz oder lang das letzte Ziel der Meditation, die totale Befreiung, in den Vordergrund. Da das nur eine Frage der Zeit ist und Zeit eine Illusion beziehungsweise einer der beiden Täuscher, spielt es gar keine Rolle, welche Absichten und Ziele uns ursprünglich zur Meditation gebracht haben, Hauptsache ist, wir bleiben auf dem Weg und halten durch.

Wer sich also diesem eher spekulativen westlichen Weg nahe fühlt, ist besser mit geführten Meditationen als mit stiller östlicher Schweige-Meditation bedient, wobei wir heute auch schon von diesen östlichen Methoden immer hoffnungsvollere Ergebnisse erhalten.

Der kleine Test auf den nächsten Seiten mag dabei helfen, für sich herauszufinden, ob man eher eine bewegte Meditationsform braucht oder etwas Ruhiges oder vielleicht auch Abwechslung zwischen beidem.

»MEDITATION IST
DAS REINIGEN DES GEISTES
UND HERZENS VOM EGOISMUS;
DURCH DIESE REINIGUNG
ENTSTEHT DAS RICHTIGE DENKEN,
DAS ALLEIN DEN MENSCHEN
VOM LEID BEFREIEN KANN.«

Test: Welcher Meditationstyp bin ich?

Mit diesem kurzen Test kannst du ganz einfach herausfinden, welche Art der Meditation dir am ehesten liegt. Denn je passender du es dir von Anfang an machst, desto leichter fällt es, das Meditieren in deinen täglichen Ablauf zu integrieren. So gewinnst du schon mit zehn Minuten Sitzen am Tag mehr Gelassenheit, Klarheit und innere Ruhe.

1. **Warum will ich meditieren?** Notiere spontan, was dir hierzu einfällt, welche Ziele du verfolgst und welche Erwartungen du an die Meditation hast.

....

....

....

2. Ich bin eher ein **Bewegungstyp** und tue mich mit stillem Sitzen schwer?

   ⬤ ja
   ⬤ nein

3. Ich bin eher ein **introvertierter, kontemplativer Typ** und komme gut in die Ruhe, wenn ich sitze und mich aus dem Alltagsgeschehen ausklinke.

   ⬜ ja
   ⬜ nein

4. Ich bin **Meditationsanfänger?** Was ist für mich am besten?

5. Wenn du dir immer noch nicht sicher bist, welche Meditationsformen dir liegen, **mache folgende kleine Vortests und spüre jedes Mal nach:**

   a) Setz dich hin, schließe die Augen, atme in deinem Rhythmus und bleibe **eine Minute** ohne Gedanken. Stelle dir dazu einen Wecker.

   b) Setz dich nochmals hin und bleibe **zwei Minuten** bei einem Gedanken, gern deinem Lieblingsgedanken oder -menschen, -tier oder -ton. Stelle dir auch hierzu einen Wecker.

   c) Folge **zehn Minuten** einer Geschichte deiner Wahl, gern deinem Lieblingsthema, einem Mythos, Märchen oder einer Legende. Weckerstellen nicht vergessen!

   d) Mache **eine einfache Bewegung** wie die Eröffnung der Tai-Chi-Form, bei der du mit hüftbreit geöffneten Beinen und leicht angewinkelten Knien dastehst und deine Arme wie von an den Handgelenken befestigten Fäden nach oben gezogen fühlst, sie dann zu deinen Schultern heranziehst und langsam wieder sinken lässt, wobei du in den Knien auch ganz leicht weiter nachgibst.

Auswertung

Sehen wir uns die Fragen im Einzelnen an, um herauszufinden, mit welcher Art der Meditation du dein Leben am sinnvollsten ergänzt und vervollständigst. Möglicherweise sind auch unterschiedliche Formen abwechselnd sinnvoll.

Zu 1: Du selbst bist **das Ziel deiner Meditation.** Wenn du ein eher aktiver Mensch bist, wirst du dich mit den entsprechenden Meditations- und Bewegungsformen wohlfühlen (siehe auch Frage 2). Wenn dir Stille wohltut, dann bist du mit den passiven Formen gut beraten. Für beide Typen empfiehlt sich auch immer eine geführte Meditation (CDs dazu findest du auf Seite 125).

Zu 2: Bei den **aktiven Meditationen** sind neben Oshos Kundalini- und der Dynamischen Meditation auch Yoga sowie Qigong und Tai-Chi zu nennen. Die Geh-Meditation Kinhin wie auch Klausener Tage in Stille und extremer Verlangsamung sind aktiv und helfen, das Bewusstsein in jedem Moment zu wahren. Aktive Meditationen findest du in diesem Buch auf den Seiten 62, 76, 77, 81, 82 und 84 f.

Zu 3: Zu den **passiven Meditationen** gehören neben Mantra-Meditationen wie der Herzens-Meditation (siehe auch Seite 54) oder den Mantren-Meditationen von Amma (siehe Seite 52) auch die buddhistischen Richtungen der stillen Atembeobachtung in der Soto-Tradition. Aber auch die Upekkha-Meditation, in der wir unsere aus uns aufsteigenden Emotionen und Gefühle ohne Wertung beobachten, wäre hier zu nennen (Seite 97 f.).

Zu 4: **Geführte Meditationen** sind hier sehr hilfreich. Sie nehmen eine Art Mittelstellung ein, weil sie zwar in Ruhe erlebt werden, aber den Geist durchaus durch den gesprochenen Text in – wenn auch sanfter – Bewegung halten. Hierzu gehört beispielsweise die **Achtsamkeits-Meditation** (siehe Seite 70 f.) oder die **Meditation mit Emotionen** (siehe Seite 97 f.). Du kannst aber auch mit viel Gewinn mit einer **aktiven Meditation** wie der Dynamischen Meditation (siehe Seite 117) einsteigen, weil du hier einfach nur machen musst, was die Anweisungen fordern.

Zu 5a: Wenn dir Übung a sehr leicht gefallen ist und du weitgehend gedankenfrei bleiben konntest, kommen für dich schon gleich **stille Meditationen** infrage wie Zazen (siehe Seite 55 f.).

Zu 5b: Hat dir eher die Variante b zugesagt, spricht das für eine **Mantram-Meditation** wie TM oder die Herz(ens)-Meditation (siehe Seite 48 und 54).

Zu 5c: Ist dir die dritte Version am nächsten gekommen, spricht das für einen Beginn mit **geführten Meditationen** (siehe Seite 42 f.).

Zu 5d: Fiel dir die bewegte Variante am leichtesten, spricht das für **Yoga in Bewegung, Tai-Chi oder Qigong** (siehe Seite 82 und 103).

Variante 1: Sind dir bei dem Test Emotionen wie Wut und andere dazwischengekommen, spricht das für noch aktivere Meditationen wie Dynamische und Kundalini-Meditation (siehe Seite 117 und 119).

Variante 2: Wenn dir gar keine Übung sehr leicht gefallen ist, gehörst du (noch) zur (schweigenden) Mehrheit und wählst die Variante, die dir noch vergleichsweise am leichtesten gefallen ist und dir am meisten Freude bereitet hat.

Variante 3: Wenn dir jeder der Testvorschläge zu langweilig war, empfehle ich erst mal, mit den **Schicksalsgesetzen** (siehe Anhang) eine Grundlage für die so ganz andere Geisteshaltung der Meditation zu schaffen.

Kapitel 2

MEDITATIONS-ZIELE

Warum meditieren?

Um das letzte Ziel der Erleuchtung und Befreiung zu verwirklichen, wäre es tatsächlich am besten, gar keine Ziele zu haben. Aber es gibt eine Menge lohnender Ziele vor diesem letzten, besonders für uns westliche Menschen. So sind die großen Forderungen des Ostens an Meditierende in Gestalt von Absichtslosigkeit und Fruchtverzicht von den meisten Bewohnern des westlichen Kulturkreises weit entfernt oder können ihnen (noch) gar kein Anliegen sein – oder sie werden zu einem im Lauf einer Entwicklung, die durch die Meditation angestoßen werden kann. Aber wir können trotzdem anfangen zu meditieren und alles gewinnen, indem wir alles loslassen. Nur ist das ein Prozess, der typischerweise mit konkreten, individuell geprägten Wünschen und Zielen beginnt. Diese werden sich auf dem Weg verlieren, wenn wir ihm mit Disziplin und Konsequenz folgen und diese Absichten letztlich transzendieren.

Motivation und Ausreden

Über unser Durchhalten in der individuell gewählten Meditation und das stetige Üben bis zur Ernte der Früchte beziehungsweise bis hin zur Erkenntnis, dass der Verzicht auf Letztere uns in unserer Entwicklung noch weiterführen wird und uns dann schon selbstverständlich in Fleisch und Blut übergegangen ist, darüber entscheidet das Verhältnis von Motivation und Ausreden, warum man nicht meditieren kann.

Eine gute Motivation, um sich täglich auf den Weg zurück in die eigene Mitte zu begeben, ist schon mal die halbe Miete, doch wird die andere Hälfte oft von unseren Ausreden bestimmt. Sobald Letztere („Keine Zeit", „Ich kann nicht so einfach zur Ruhe kommen", „Bringt das wirklich etwas?") ein höheres Niveau erreichen als Erstere, geschieht nichts und wir fangen gar nicht erst an. Gewinnen die Ausreden auf dem Weg die Übermacht, werden wir aufhören, auf unserem Weg weiterzugehen beziehungsweise zu meditieren. Vielleicht sind auch die zahlreichen modernen Studien, die die Vorteile der Meditation beweisen, eine gute Hilfe, um die Motivation zu steigern. Ein paar wirkungsvolle kleine Anregungen für deine tägliche Meditationspraxis findest du in den Klappen dieses Buchs. Sie machen Ausreden völlig überflüssig.

Mehr als „nur" ein Plus für die Gesundheit

Die ersten wissenschaftlichen Auswirkungen von Meditation auf unsere Seele und unsere geistigen Fähigkeiten wie auch auf unser Alltagsleben wurden – meines Wissens – von der TM-Organisation durchgeführt. Die Ergebnisse waren auf vielen Gebieten ebenso überraschend wie beglückend. Allerdings war vor 40 Jahren die Zeit noch nicht reif, derartige Erkenntnisse weitreichend zur Kenntnis zu nehmen. Außerdem wurden die Untersuchungen von Forschern durchgeführt, die Maharishi nahestanden, was sie der übrigen Wissenschaftswelt verdächtig machte.

Heute sind es nun Wissenschaftler renommierter Universitäten, besonders in den USA, die mit noch erstaunlicheren und Hoffnung machenden Studienergebnissen aufwarten. Hoffnung machend insofern, als dass (Leistungs-)Druck und Stress in der modernen Geschäftswelt für den Einzelnen immer unerträglicher werden und nachweislich schwerwiegende Krankheiten auslösen können. In der Meditation lassen sich diese Ursachen für eine ganze Reihe von Zivilisationsleiden wiederum nachweislich auflösen.

Die wichtigsten wissenschaftlich belegten Vorteile

- So ist inzwischen wissenschaftlich nachgewiesen, dass Langzeit-Meditation dem Schwund unserer grauen Zellen (im Gehirn) entgegenwirkt und somit **vorzeitige Alterungsprozesse verhindert.** Die bei der Meditation eintretende Entspannung ist immer das Gegenteil einer Stressreaktion. Es tritt ein körperlich spürbarer Zustand tiefer Ruhe ein, der die körperliche und emotionale Reaktion auf Stress verändert. Die uns allen angeborene Fähigkeit, den schädlichen Auswirkungen von Stress zu begegnen, kann jeder von uns, laut Professor Hubert Benson von der Harvard Medical School, tatsächlich selbst verändern, indem er regelmäßig meditiert (Quelle: WebMD, 10. Februar 2015). In einer in der American Psychological Association am 4. Februar 2015 veröffentlichten Studie heißt es darüber hinaus: „Eine Erhohung der Entspannungsreaktion ist eine wirksame therapeutische Intervention, die den nachteiligen klinischen Auswirkungen von Stress bei zahlreichen Störungen, einschließlich Bluthochdruck, Angstzuständen, Schlafstörungen und Alterungsprozess, entgegenwirkt.

Diese Praxis verstärkt die Expression von Genen, die mit dem Energiestoffwechsel, der Funktion der Mitochondrien, der Insulinsekretion und der Telomer-Erhaltung verbunden ist und verringert die entzündliche Antwort des Körpers auf Stressreaktionen".

- Unter der Überschrift **Achtsam ist heilsam** berichtet **Zeit Online** von einer Metastudie, also einer Untersuchung, die die Ergebnisse verschiedener Studien – in diesem Fall 21 – zusammenfasst. Hier untersuchten dänische Forscher von der Uniklinik in Aarhus die Auswirkungen von sogenannten Anti-Stress-Meditationsprogrammen nach Jon Kabat-Zinn und seiner sogenannten **Mindfulness-Based Cognitive Therapy (MBCT),** einer Meditationsart, die häufig begleitend in der **Behandlung von Depressionen oder auch bei Stress und Angststörungen** eingesetzt wird. Heraus kam, dass MBCT die seelische Gesundheit förderte, dass sich Gestresste entspannten und dass Angstpatienten sich beruhigten. Die Methode verbesserte außerdem auch die Lebensqualität vieler Patienten mit körperlichen Beschwerden. Selbst wenn Beschwerden nicht abnahmen, quälten sich die Betroffenen doch damit deutlich weniger. Auf diese Art ließen sich, so die Autoren, viele ehemalige Depressionspatienten vor Rückfällen bewahren.

- Bei chronischen Schmerzsyndromen, Depressionen und Stress sind positive Effekte der Achtsamkeits-Meditation damit gut belegt. Selbst bei **Zwangsstörungen** legt eine kleine Studie der Universität Freiburg mit zwölf Teilnehmern Besserung nahe mittels Mindfulness Therapy, die letztlich auf Achtsamkeits-Meditation hinausläuft.

- In der modernen Geschäftswelt ist **Achtsamkeit** einem US-Trend folgend zum Zauberwort geworden. Der **Harvard Business Manager** berichtet von wissenschaftlichen Fakten hinter diesem Modetrend. Nach einem achtwöchigen Achtsamkeitsprogramm im Jahr 2011 stellte sich heraus, dass schon während dieser kurzen Zeit **die Dichte der grauen Zellen im Gehirn** bei den Teilnehmern deutlich messbar zunahm. Seitdem haben viele andere neurowissenschaftliche Labors in der ganzen Welt untersucht, wie Meditation das Gehirn beeinflusst. Die Ergebnisse waren immer positiv und nie ergaben sich irgendwelche Schäden oder Nachteile durch Meditation – ein Vorurteil, welches in meiner Anfangs-Meditations-Zeit noch weit verbreitet war und sich inzwischen in Wohlgefallen aufgelöst hat. Um heute noch tatsächlich von Gefahren der Meditation zu sprechen, braucht es schon eine solide Weigerung, sich fortzubilden, und eine gute Portion Realitätsfremdheit.

Achtsamkeits-Meditation ist aktiver Hirnschutz

Ebenfalls im Jahr 2011 sammelten Wissenschaftler der University of British Columbia und der Technischen Universität Chemnitz Daten aus mehr als 20 Studien. Dabei machten sie acht verschiedene Hirnregionen aus, die von Meditation besonders profitierten. Der **Hippocampus** steht nicht nur im Zentrum der Alzheimerdemenz, wo sein Abbau als ursächlich eingestuft wird, sondern ist als Teil des limbischen Systems auch für Emotionen zuständig. Mit seinen vielen Rezeptoren für das Stresshormon Kortisol ist der Hippo-campus, **jenes Areal, das für die Gedächtnisbildung verantwortlich ist,** besonders empfindlich. Menschen mit stressverursachten Erkrankungen oder posttraumatischen Belastungsstörungen haben oft auffällig kleine Hippo-campus-Areale. In diesen Fällen kann Meditation helfen und schützen, weil sie die **Resilienz** fördert, also die Fähigkeit, sich von chronischen Überbelas-tungen zu erholen. Jeder gesunde Mensch wiederum kann durch regelmäßi-ges Meditieren seinen Hippocampus schützen.

Nicht zuletzt konnten Neurowissenschaftler inzwischen belegen, wie sich Meditationen auch auf Hirnregionen positiv auswirken, die mit Körperbe-wusstsein, Selbstwahrnehmung, Emotionsregulation, Introspektion, komple-xen Denkvorgängen und Selbstwertgefühl zusammenhängen sowie mit der Schmerztoleranz.

Die Hinweise auf positive Auswirkungen von Achtsamkeits-Meditation auf unsere Steuerzentrale im Kopf sind schon jetzt erstaunlich. Achtsamkeit scheint tatsächlich eine absolute Notwendigkeit zu sein, um das Gehirn gesund und funktionstüchtig zu erhalten und um unsere Selbstregulation im Gleichgewicht zu halten, die vor gefährlichem Stress schützt und in die Lage versetzt, in unserer immer komplexeren Welt nachhaltige und weise Entschei-dungen zu treffen. Eine klassische Achtsamkeits-Meditation ist der Bodyscan auf Seite 114 f.

Weitere positive Effekte: DNA-Schutz und Entzündungsprophylaxe

Eine Langzeitstudie der Universitäten Coventry und Radboud hat ergeben, dass regelmäßige Meditation ebenso wie Yoga und Tai-Chi nicht nur zur Entspannung führt, sondern sogar unser Erbgut (DNA) bis in die molekulare Ebene beeinflusst. Im Journal **Frontiers in Immunology** publiziert, analysierten die Experten dieser Studie 18 andere Untersuchungen mit 846 Teilnehmern über elf Jahre hinweg und enthüllten, wie sich das Verhalten unserer Gene durch verschiedene Achtsamkeits-Meditationen und Yoga verändern lässt und welche geistigen und körperlichen Vorteile sich daraus ergeben.

Probanden, die regelmäßig meditieren, erleben so etwa auf Zellebene eine Reduktion der Produktion von Zytokinen, welche Entzündungen im Zellbereich auslösen. Damit reduziert sich unter anderem das Risiko für Krebserkrankungen, vorzeitige Alterungsprozesse und auch die Entstehung einer Depression. Die die Untersuchung führende Forscherin Ivana Buric vom Brain, Belief and Behaviour Lab im Coventry University's Centre for Psychology, Behaviour and Achievement betonte: „Millionen Menschen auf der ganzen Welt genießen bereits die Gesundheitsvorteile von ‚Geist-Körper-Interventionen' wie Yoga oder Meditation, aber sie realisieren vielleicht nicht, dass diese Vorteile auf molekularer Ebene beginnen und die Arbeit unseres genetischen Codes verändern können."

Heilungsprozesse gezielt fördern durch geführte Meditationen

Mithilfe vor allem der Methode der geführten Meditationen kann jede Krankheit zum persönlichen Weg und zur Chance werden, indem wir uns der Bedeutung und dem Sinn des jeweiligen Krankheitsbilds auf einer tiefer liegenden Ebene nähern. Idealerweise kombiniert man diese Art der Meditation mit dem Verständnis, wie es sich aus der Lektüre des Nachschlagewerks **Krankheit als Symbol** ergibt, um den psychologischen Hintergrund der Krankheitsentstehung für sich zu klären.

Zu zahlreichen Krankheitsbildern habe ich im Laufe von fast 40 Jahren ärztlicher Praxis Programme mit geführten Meditationen entwickelt. Dazu gehören **Herz(ens)probleme** und **Krebs, Allergien** und **Kopf- und Rückenschmerzen, Hautprobleme** und **Lebenskrisen** sowie viele andere Programme, die alle über www.heilkundeinstitut.at erhältlich sind. Das Programm **Selbstheilung** ist auf alle Symptome anwendbar.

»Achte einfach auf den jetzigen Moment,
ohne zu versuchen,
ihn auf irgendeine Weise zu verändern.
Was passiert? Was spürst du?
Was siehst du? Was hörst du?«

JON KABAT-ZINN

Kapitel 3

MEDITATIONS-WEISEN

1 Geführte Meditationen

Als leichtester Einstieg in die Welt der Meditation und zum raschen Entspannen ist diese Technik optimal geeignet, da sie anstrengungs- und mühelos und wie nebenbei schon sehr bald in tiefe Entspannungszustände führt. Nicht wenige schlafen dabei – selbst auf Stühlen sitzend – spontan ein, was einerseits die gute Entspannungswirkung unterstreicht, andererseits aber auch auf Schlafdefizite hinweist, die wir später gerade mit dieser Technik noch auflösen werden (siehe Seite 55 f.).

Geführte Meditationen, die mit inneren Bildern arbeiten, sind auch eine ideale Vorbereitung für andere Techniken der Versenkung und oft auch ein wundervoller Einstieg in diese, weil sie keinerlei Voraussetzungen erfordern. Liegen kann jeder, und wer hier eine gewisse Entspannungstiefe erreicht, wird diese anschließend auch leichter auf Sitz-Meditationen übertragen können. Ist im Chaos der inneren Bilder und Gedanken mittels geführter Meditationen schon für eine gewisse **Ordnung und Orientierung** gesorgt, ergibt sich auch ein leichterer Zugang in bilderfreie Techniken, weil wir nicht mehr so unter (innerem Bilder-)Stress stehen. Unbewältigte Probleme setzen uns unter Druck und liefern Stoff für Gedankenfluten, die die Meditation zunächst stören. Ist diesem Druck über geführte Meditationen ein bewusstes Ventil zum Entweichen geschaffen und sind die drängendsten Probleme wie etwa Krankheitsbilder oder Partnerschaftskriege erleichtert oder sogar gelöst, führen absichtslose Meditationen ungleich leichter zu Ruhe und innerem Frieden. Ähnliches gilt für aktive Meditationen wie die **Dynamische Meditation.**

Voraussetzungen und Anforderungen

Diese sind denkbar gering. Jeder Mensch kann geführte Meditationen rasch und relativ gefahrlos erlernen, sofern er nicht unter schweren seelischen Störungen im Sinne von Psychosen oder dem sogenannten Borderline-Syndrom leidet. Doch selbst in solchen Fällen können die **Bilderreisen** helfen, allerdings nur im Rahmen einer entsprechenden Psychotherapie.

Viele Therapien wie etwa die von uns bevorzugte **Schatten-, Krankheitsbilder- und Reinkarnationstherapie** stützen sich wesentlich auf innere Bilder.

Weiterführende Informationen hierzu erhältst du im Heilkundezentrum (Adresse siehe Anhang auf Seite 127).

Die Macht der inneren Bilder

Mittels geführter Meditationen erreicht fast jeder Mensch sogleich sogenannte Alpha-Gehirnwellen-Zustände tiefster Entspannung und nach wenigen Wochen Übung sogar schon Trance-Tiefe und Theta-Wellen-Muster. Dieser Bewusstseinszustand, der uns durch regelmäßiges Üben so leicht zufällt, ist auch der, in dem viele Geistheiler arbeiten.

Es ist praktisch unmöglich, geführte Meditation nicht zu können, da wir uns alle immerzu Gedanken machen und **in Bildern denken.** Bei dem Wort „Berg" beispielsweise denken wir automatisch und sofort an einen Berg – natürlich jeder an (s)einen eigenen, entsprechend den Mustern von Bergen, die wir in uns abgespeichert haben. Aufgefordert, nicht an einen Berg zu denken, würden wir es trotzdem tun: Einer unserer inneren Berge würde aus dem Album unserer Seele auftauchen. Verneinungen wie auch andere Abstraktionen haben im Bereich der Seelenbilderwelt keine Chance, sie werden einfach ignoriert. Es ist uns unmöglich, Worte nicht in Bilder umzuwandeln. Es ist also gar nicht möglich, sich einem inneren Bild zu verweigern. Jede(r) kann innere Bilder wahrnehmen. Das gelingt ganz selbstverständlich und automatisch und bereits von Kindheit an und somit hat jeder von uns die wesentlichste Voraussetzung, um geführte Meditationen zu nutzen.

Die weibliche Seite der Realität

Dieses Beispiel macht auch deutlich, welch andere Gesetze für die Welt der inneren Bilder und mit ihr für die ganze weibliche Gefühlsseite der Wirklichkeit gelten. Allerdings sind wir natürlich von Kindheit an auf die Regeln der archetypisch männlichen Welt des Intellekts gedrillt, wovon wir uns beim Meditieren nach und nach freimachen.

Wenn diese eigentlich selbstverständliche und von Anfang des Lebens an aus den Traumbilderwelten vertraute Welt wider Erwarten doch Schwierigkeiten machen sollte, liegt es mit großer Wahrscheinlichkeit an eigenen überzogenen und dieser Ebene zuwiderlaufenden Erwartungen und Ansprüchen. Wer zu realistische oder zu plastische Bilder erwartet, tappt etwa in diese

Falle. Besonders anfangs genügen einfache, immer vorhandene Vorstellungen völlig. Mit Zeit und Muße und entsprechender Übung erscheinen die Bilder von selbst farbiger, plastischer, deutlicher und lebendiger.

Wie Bilderwelten verschüttet werden

Es dauert auch einige Zeit, den natürlichen Zugang zur inneren Bilderwelt zu verschütten. Daran hat ein Heer von Lehrer(inne)n im Dienst der Leistungsgesellschaft gearbeitet. Der Neurobiologe Gerald Hüther kann belegen, dass 98 Prozent der Kinder bei Schuleintritt in ihren Lösungsansätzen genial sind, aber nur noch zwei Prozent bei Schulabschluss Jahre später.

Von Anfang an und schon im Mutterleib haben wir alle geträumt, konnten fantasieren und uns in den inneren Welten zurechtfinden. Mit Schulbeginn wurden diese Fähigkeiten systematisch torpediert mit Kommandos wie „Träum nicht! Schlaf nicht! Spinn nicht herum! Spiel nicht! Fantasier nicht, sag die Wahrheit!" und, besonders wichtig, „Konzentrier dich!" So haben wir schon als Kinder allmählich gelernt, alles angeblich Unwichtige und Fantasievolle zu unterdrücken und uns auf als wichtig und wesentlich Deklariertes zu beschränken und zu konzentrieren. Als Ergebnis sind viele später eingeschränkt, dabei aber nicht mal **zu besonderer Konzentration fähig,** wie Meditationsübungen so eindrucksvoll enthüllen: Kaum ein Schulabgänger kann sich über die Dauer eines Vaterunsers konzentrieren.

Der Verlust des inneren Strahlens

All das ist für Kinder folgenschwer, denn das typisch Kindliche und Fantastische wird unterdrückt und zurück bleiben nur dürre, farblose Produkte der Vernunft. Je schneller die Botschaft aufgenommen wird, nur noch dem Rationalen und Funktionalen zu glauben und zu trauen, desto rascher ziehen sich kreative, von inneren Bildern und Fantasien getragene (Be-)Reiche zurück. Das ist die Zeit, in der Kinder ihr inneres Strahlen und mit den angeblich irrationalen Schutzengeln ihre Sicherheit und ihr Vertrauen verlieren und ihrem (guten) Stern nicht mehr folgen (können). Irgendwann erkennt ein/e Lehrer/in dann: „Du bist aber keine Leuchte!" Wie auch, wenn Strahlen und Leuchten so systematisch ausgetrieben werden – beinahe wie früher der Teufel von einer ähnlich ver-rückten Priesterschaft? Dabei ist das Wort „verrückt" hier im Sinne des aus der Mitte Ver-rückten gemeint. Da die Mitte aber immer das Ziel der

Meditation ist, wird klar, wie meditationsfeindlich unsere gesamte westliche Sozialisation ist. So mag es auch wieder etwas dauern oder in modernen Worten „Zeit kosten", uns **die Welt der inneren Bilder und mit ihr den archetypisch weiblichen Pol der Wirklichkeit neuerlich zu erschließen.** Meditation ist einer der Wege dorthin.

Die Herrschaft des Intellekts untergraben

Wer im Erwachsenenalter bei einem Intellekt, der längst unangefochtene Alleinherrschaft errungen hat, neuerlich Zugang zu seinen inneren Bildern zu finden versucht, wird verständlicherweise auf Schwierigkeiten vonseiten des Intellekts stoßen, der einiges zu verlieren hat. Mithilfe seiner über Jahre kultivierten Fähigkeit zu Kompliziertheit wird er gegen so einfache Dinge wie Seelenbilder mit allen Mitteln argumentieren. Das Problem ist also gar nicht die Kompliziertheit der Meditation, sondern gerade im Gegenteil ihre **Einfachheit und die Leichtigkeit des Zugangs.** Allerdings erinnert sich unsere Seele auch an die goldene Zeit der Kindheit, als das Leben noch mehrdimensional zum **Staunen und Wundern** anregte und alles verzaubert erschien. Die Seele wird sich besonders über geführte Meditationen freuen, die ihr noch mehr entsprechen als die auf Konzentration und Disziplin setzenden Meditationsvarianten.

Der Charme des ersten aufsteigenden Gedankens

Gegen die große Chance, bei geführten Meditationen jeweils gleich den ersten auftauchenden Gedanken wahr- und wichtig zu nehmen, wird sich der Intellekt besonders wehren. Aber gerade auf den ersten auftauchenden Berg kommt es an. Er ist unsere Chance, an Wesentliches heranzukommen. So ist der erste auftauchende Baum unser Lebensbaum und das erste Tier unser Tierverbündeter. Sie wahrzunehmen, ist an sich leicht, aber der auf verschiedene Alternativen gedrillte Intellekt könnte hier seine ganze Macht verlieren oder jedenfalls große Teile davon. Denn wer lernt, den ersten Gedanken zu erfassen, bekommt ein wundervolles und ausgesprochen verlässliches Instrument der Orientierung im Leben. Nicht nur die Liebe auf den ersten Blick ist so besonders, jedes erste Mal hat seinen ganz besonderen Charme und das dritte der Schicksalsgesetze auf seiner Seite. Es besagt, **dass alles schon im Anfang begründet ist.** Wo die Chance des ersten aufsteigenden Gedankens wahrgenommen wird, erwächst dem Intellekt eine erhebliche Konkurrenz. Und wer will das schon? Da es allerdings das letzte Ziel aller Meditation ist, das Ego und seinen treuen Vasallen, den Intellekt, im Selbst aufgehen zu lassen, liegen hier neben den Herausforderungen auch ganz besondere Chancen für Meditierende.

Den Vasall des Ego entmachten

Dem Intellekt geben viele Möglichkeiten der Auswahl die Chance zu selektieren und dem hinter ihm stehenden Ego das Gefühl von Freiheit und Macht zu bewahren. So kann er Entscheidungen treffen und weiter bestimmen. Wenn er das erste auftauchende entscheidende Bild ignoriert und wartet, bis er eine Fülle von Alternativen hat, ist seine Macht gerettet und die größte Chance der Meditation für diesmal vertan. So entsteht eine Beliebigkeit der Bilder und ihre Brisanz und Wichtigkeit gehen verloren. Die Auswahl unter verschiedenen Bilderalternativen ist nur für den Intellekt befriedigend, der so alles unter gewohnter Kontrolle behält; für Meditierende verliert die Erfahrung damit aber an Bedeutung und Sinn.

Grundsätzlich ist dem Ego, das sich mehr oder weniger geschickt hinter dem Intellekt versteckt, diese Antihaltung nicht übel zu nehmen, denn es hat alles zu verlieren – tatsächlich sich selbst – und natürlich größte Angst, im großen Selbst aufzugeben. Letztendlich zielt jede Meditation auf die Mitte als

LIEGEN ODER SITZEN?

Da die äußeren Anforderungen bei dieser Meditation minimal sind, bleiben wenig Argumente dagegen. Nicht nur gibt es keine Bedingung im Bereich von äußerer Haltung und Sitztechnik, sondern jeder kann, solange er bei Bewusstsein ist, im Sinne dieser Technik meditieren. Sie lässt sich als **Einstieg ins Reich dieser neuen Erfahrungsräume** genauso gut im Sitzen wie im Liegen oder sogar Stehen erleben. Liegen ist für Anfänger ein großer Vorteil, weil dabei keinerlei Energie für anstrengende Sitzpositionen verschwendet wird. Nicht einmal der Kopf muss dabei wie bei Sitzmeditationen mit Muskelkraft gehalten werden.

Symbol der Einheit und damit auf die Befreiung aus der Polarität, was zugleich die **Befreiung von der Tyrannei des Ego** bedeutet.

Folge deiner Intuition!

Wer es andererseits schafft, seinen ersten Gedanken, Eindrücken und Eingebungen zu vertrauen und ihnen zu folgen, kann erleben, wie (zu-)treffend sie sind. Tatsächlich muss das Ego bei den geführten Meditationen auch nicht gleich um seine gesamte Existenz bangen, denn sein Stellvertreter, der Intellekt, darf anfangs noch (s)eine Rolle spielen und für längere Zeit beobachtender Zeuge bleiben. Anfangs entspricht auch der Aufbau der meisten geführten Meditationen noch durchaus seiner Logik. Allerdings werden der in den Tag eindringende Bilderreichtum und seine Wertschätzung auch die Traumbilder der Nacht anregen und in diesem Fall muss der Intellekt naturgemäß vollständig zurückstehen.

Selbst bei Schmerzen oder auf einer Intensivstation sind geführte Meditationen möglich und haben schon Erstaunliches bewirkt. Allerdings wäre es dann natürlich günstig, schon Vorerfahrungen zu haben. Insofern ist das Üben dieser Meditationstechnik auch eine Art tatsächlich wirksame und gut funktionierende **Rückversicherung für Notfälle** verschiedenster Art.

Zur Geschichte der geführten Meditationen

Diese Meditationsart hat eine ähnlich lange Tradition wie die östlichen auf Gedankenfreiheit zielenden Varianten. In den Mysterien-Traditionen der Antike
wie auch des alten Ägyptens führten sogenannte Hierophanten Einzuweihen-
de mittels geführter Reisen in die innere Bilderwelt, um notwendige Entwick-
lungsschritte in den Seelenbilderwelten anzubahnen. Letztlich war auch der
Tempelschlaf im Asklepios-Tempel eine auf innere Bilder angewiesene geführte Meditation.

Wahrscheinlich waren solch innere Reisen früher verbreiteter als äußere.
Die insgesamt wenigen Reisen in der äußeren Welt dienten wohl vor allem der
Pilgerschaft, wo ebenfalls **inneres Erleben vor äußeren Sinneserfahrungen**
rangierte. Handels- und erst recht Tourismusreisen kamen erst viel später auf.
Der vertraute Umgang mit Seelenreisen voller Bilder und Symbole ersetzte
den frühen Menschen wahrscheinlich Seelsorger und Psychotherapeuten
durch den lebendigen **Zugang zu Mythen und Märchen** der eigenen Kultur.
Auch diese beruhen natürlich im Wesentlichen auf inneren Seelenbildern.

Während wir heute von Film- und Fernsehbildern überschwemmt sind
und wenig Konstruktives für unsere nach Bildern hungernden Seelen daraus
gewinnen, hatten unsere Ahnen nur wenige gut vertraute Bilder mit engem
Bezug zu ihrem persönlichen Leben und dem ihrer Sippe und Landsleute. In
der Antike war das Theater noch ein vor allem Seelenerfahrungen vermitteln-
des Ereignis statt wie heute Ablenkung von der Sinnlosigkeit der eigenen Existenz. Das antike Theater verband **Religion und Medizin.** Es war heilsam, weil
es sich auf die eigenen Mythen konzentrierte und anregte, sich auf die darge-
botenen Seelenbilder einzulassen und sie in Bezug zur eigenen Seele zu setzen. So ist es nicht verwunderlich, wenn analytische Psychotherapieschulen
wie die von Sigmund Freud und mehr noch von Carl Gustav Jung ständig
Anleihen beim Mythos nehmen und sich andererseits viele Therapien aus
dem Umfeld der Humanistischen Medizin wieder inneren Bildern zuwenden.
Unsere Schatten- und Krankheitsbildertherapie beruht ebenfalls entscheidend auf der Auseinandersetzung mit inneren Bildern.

In diesem Umfeld ist die Vielzahl meiner geführten Meditationen entstan-
den, die der **psychosomatischen Heilung von Körper und Seele** dienen, aber
auch darüber hinaus in mythische und spirituelle Dimensionen reichen.

Moderne Zeiten, in denen innere Bilder gering geschätzt werden, sind, an der Geschichte der Menschheit gemessen, noch extrem neu und insgesamt gesehen sehr kurz. Mit geführten Meditationen greifen wir hier also auf eine **tief in der Seele verankerte uralte Tradition** zurück.

Für den Philosophen Platon war es noch selbstverständlich, hinter jedem Ding eine Idee anzunehmen, das heißt ein Ur- oder Seelenbild. Auch Johann Wolfgang von Goethe begriff die Welt des Geschaffenen noch als Gleichnis mit tieferem Sinn. Selbst den Großmüttern meiner Generation war die Welt der Märchen(ur)bilder noch entscheidend wichtig und so beherrschte sie unsere Kindheit. Nachfolgende Generationen haben ihren Kindern diese Seelennahrung des Anfangs weitgehend gestrichen. Geführte Meditationen können und wollen sie zurückbringen. Zum Glück sind sie unseren Seelen noch nahe und leicht zugänglich und beleben das heute weitgehend brachliegende Land der Fantasie auf spielerische Art.

Wenn Meditation müde macht

Wer bei irgendeiner Meditationsart und insbesondere bei den geführten Meditationen ständig einschläft, kann wegen der Inhalte entspannen, denn diese dringen trotzdem ins Unbewusste vor. Aber natürlich ist **nicht Einschlafen, sondern Erwachen** das große Ziel der Meditation. Insofern wäre es gut, vorhandene Schlafdefizite aufzulösen, und nichts eignet sich dazu so gut wie geführte Meditationen im Liegen.

Wer beispielsweise Nachtdienste oder gar Wechselschichten zu bewältigen hat, wird unweigerlich früher oder später ein Schlafdefizit erleiden. Eigentlich steht jeder, der sich mittels Wecker wecken lässt, im Verdacht, denn der Wecker beendet regelmäßig die Regenerationsphase, bevor sie abgeschlossen ist. Das ist überhaupt sein Sinn. Wer Tagdienst hatte, gleich danach in einen Nachtdienst übergeht und anschließend wieder Tagdienst hat, wie es von jungen Ärzten zu meiner Zeit erwartet wurde, dem sind zwei Nächte, also vielleicht 16 Stunden Schlaf ausgefallen. Die kann man aber nicht nachschlafen, sondern man wird statt seiner normalen acht nun vielleicht zehn Stunden schlafen. Die Frage ist: Was geschieht mit dem so aufgelaufenen Schlafdefizit? Es scheint so, als sinke das Defizit auf tiefere Ebenen hinab und sei mit normalem Schlaf nicht mehr auszugleichen.

Schlaf-Meditation

In tiefere Bewusstseinsschichten abgesackte Schlaf-defizite können durch Meditation erreicht und dann mittels Schlaf auf tieferer Ebene aufgelöst werden. Man schläft so sein Schlafdefizit weg und klärt zugleich sein Unbewusstes.

- Wenn du das Gefühl hast, du bist so im Schlafdefizit, dass du es nicht damit ausgleichen kannst, einmal früher ins Bett zu gehen, dann bist du gut beraten, dir **einen freien Tag zum Ausschlafen** zu gönnen. Mittels einer geführten Meditation im Liegen schläfst du rasch ein.

- Wenn du dann von allein wieder aufwachst, solltest du dieselbe Meditation wiederholen, bis du wieder einschläfst.

- Sobald du wieder erwachst, drückst du wieder auf Start und fängst von vorn an, so lange, bis du einmal das ganze Programm gehört hast.

- Anschließend könntest du mit einer anderen geführten Meditation los-l(i)egen, bis du wieder einschläfst, um neuerlich dranzubleiben, bis du auch diese einmal bis zum Schluss hören kannst.

- Das ließe sich auch noch mit einem dritten Programm wiederholen, bis du auch dieses einmal - ohne einzuschlafen – meditierend erlebt hast.

- Dabei kann ein halber und manchmal sogar ein ganzer Tag „vermeditiert" und verschlafen werden. Aber das lohnt sich, denn anschließend ist man **wacher und klarer im Kopf** und dem großen Erwachen einen kleinen Schritt nähergekommen.

Brücke zu anderen Körperbereichen

Innere Bilder bilden auch eine ideale Verbindung zu anderen Bereichen, etwa der eigenen **Gesundheit und Fitness.** Auch wenn es Menschen aus dem östlichen Kulturkreis widerstreben mag, Meditation so funktional einzusetzen, liegt es uns im Westen nahe. Und tatsächlich können diese Bilder uns auch über diesen (Um-)Weg mit der Zeit immer noch zur eigentlichen Tiefe der Meditation führen.

So lassen sich **heilsame Vorstellungen** mit Organen verbinden und Heilungsprozesse anstoßen und fördern. Man kann leicht in bestimmte Muskelpartien lächeln, was viele Übungen etwa beim Yoga vertieft und befruchtet. Die Technik ist mehr als einfach: Wir denken an die eingesetzten Muskeln und zugleich an ein Lächeln und schon verbinden sich beide.

Sehr heilsam kann diese Übung etwa für den **Herzmuskel** sein, dem wir zum Beispiel beim Laufen oder Wandern in meditativer Weise zulächeln und ihm und uns mit dieser Aufmerksamkeit einen unschätzbaren Dienst erweisen können. Vielleicht noch gepaart mit der dankbaren Vorstellung, wie er, harmonisch und von reichlicher Durchblutung genährt, seine rhythmische Arbeit leistet. Solche Beachtung und die Unterstützung mittels innerer Bilder tut nicht nur dem Herzen gut, wie Untersuchungen der modernen Wissenschaft der Psychoneuroimmunologie bestätigen. Die vielen sogenannten Mindfulness-Meditationen, die inzwischen in großem Stil aus den USA zu uns herüberschwappen, bewirken nachweislich nichts anderes. Wir können hier mittels innerer Bilder wundervolle Synergien schaffen, die so viel mehr bringen und bewirken als einzelne isolierte Aktionen, mit denen wir auf bestimmte Körperbereiche einwirken möchten.

Der einfachste Einstieg

Wie alle Meditationen leben auch geführte Reisen von der Erfahrung und nicht von theoretischem Wissen. Die Praxis ist hier zum Glück extrem leicht und braucht auch keine weitere Theorie oder gar Philosophie. Sie bedarf weder eines Lehrers noch einer Initiation, nicht einmal eines Seminars. Alles Notwendige kann man sich über Tonträger wie CDs oder Downloads besorgen. Das E-Book **Reisen nach Innen – Geführte Meditationen auf dem Weg zu**

sich selbst (dotbooks.de) bietet noch mehr Informationen, die ich in 40 Arztjahren mit diesem Thema sammeln konnte. Noch wichtiger aber ist die Vielzahl von verschiedenen praktischen Meditationsanleitungen für alle möglichen Anlässe. Allein von mir existieren mehr solcher geführten Meditationen als Bücher, und das sind schon viel-und-sechzig. Auf diese Weise kann jede(r) diesen Weg **von Anfang an allein und in Eigenverantwortung** gehen.

Durch häufiges Wiederholen ein und derselben geführten Meditation zu einem Thema wie einem Krankheitsbild gelingt es allmählich, immer tiefer ins Wesen des Problems einzudringen. Das macht geführte Meditationen im Gegensatz zu themenfreien, auf innere Leere zielenden Meditationen geeignet, auch individuelle **Schwierigkeiten auf meditativem Weg anzugehen.**

Zen-Meditation (siehe Seite 55 f.), die ich übe und liebe, ist beispielsweise als Therapie bei Rückenschmerzen wenig sinnvoll, weil strenges aufrechtes Sitzen das Problem eher verschärft. Flach auf dem Rücken liegend, eine Position, in der so ziemlich jeder gut entspannen kann, können sich Betroffene liebevoll ihrem Rücken auf der inneren Bilderebene zuwenden und gleichsam nebenbei erfahren, was die Hilfeschreie, die sich in allen Schmerzen verbergen, sagen wollen und **welche Aufgabe dahintersteckt.**

Das eigene Thema finden

Die Auswahl der Themen, die man mit den inneren Bildern gut bearbeiten kann, ist grundsätzlich unbegrenzt. Und auch wenn unser Onlineshop (www.heilkundeinstitut.at) Dutzende geführter Meditationen im Angebot hat, sind es natürlich doch nur solche für häufig angefragte Themenbereiche, wie etwa Herz- und Rückenprobleme oder Krebs.

Sie lassen sich aber beliebig auf persönliche Weise erweitern, etwa wenn der Meditierende am Ende einer Reise die tiefe Trance in Eigenregie und -verantwortung nutzt und weitermeditiert, geführt von der eigenen Intuition. Wer sein Krankheitsbild meditativ angeht, sollte die jeweilige Reise **einen Monat lang täglich** durchleben. Steter Tropfen höhlt den Stein beziehungsweise löst die Abwehr auf, hinter der sich die Lösung verbirgt. Ein Beschwerdebild entsteht meist nicht über Nacht, sondern mit langem Vorlauf. Insofern müssen wir uns immer auch einige Zeit nehmen, um ihm auf die Schliche zu kommen beziehungsweise bis es seine verborgenen Botschaften im Sinne von **Krankheit als Symbol** preisgibt.

Das innere Lächeln

Diese zauberhaft einfache Meditation kann man bei fast allen Tätigkeiten einsetzen. So kann sie auch in kritischen Situationen, wenn man es beispielsweise mit unangenehmen Menschen zu tun hat, hilfreich sein. Die Haltung des inneren Lächelns wird mit etwas Übung auch nach außen abfärben und kann so andere **gemäß des Resonanzprinzips** anstecken. Wenn uns dann andere lächelnd und offen begegnen, wirkt das wiederum auf uns zurück und färbt ab. Freundlichkeit ist bekanntlich ein Bumerang, der immer wieder zurückkommt und seine beglückende Wirkung entfaltet. In vielen meiner eigenen geführten Meditationen nutze ich diese Wirkung, um zum Einstieg Offenheit zu schaffen, die auch den weiteren Fortschritt befruchtet und vertieft.

So geht's:
- **Entspanne dein Gesicht,** deinen Unterkiefer. Öffne leicht deinen Mund. Atme dabei natürlich und weich. Lasse deinen Körper einfach atmen, bis der Atem ganz bewusst und ruhig ist.

- Wenn du spüren kannst, dass sich dein Körper ein wenig entspannt, stelle dir vor, wie innerlich ein Lächeln entsteht, das sich von innen in dir ausbreitet. Das hat gar nichts mit dem Lächeln auf deinen Lippen zu tun, **es ist ein existenzielles Lächeln.**

- Es ist nicht notwendig, mit den Lippen zu lächeln. Es ist eher so, als würdest du aus dem Bauch heraus lächeln. **Wie eine Blüte, die sich öffnet,** und deren Duft sich im ganzen Körper verbreitet.

Dass es nun relativ leicht möglich ist, mithilfe von Bildermeditationen Probleme zu lösen und sogar seit längerer Zeit bestehende Schäden zu reparieren, macht diese Methode für uns westliche Menschen so besonders geeignet und leicht einsetzbar.

Vorbeugung mittels geführter Meditationen

Generell ist es sinnvoll, Krankheitsbildern, bevor sie sich viel Aufmerksamkeit erzwingen, lieber freiwillig und rechtzeitig täglich eine halbe Stunde zu widmen. Wer seinen Beschwerden ungezwungen, dafür aber sehr bewusst zuhört, wird in der übrigen Zeit von ihnen umso mehr in Ruhe gelassen. So ist dieser geringe Zeitaufwand sogar unter zeitökonomischen Gesichtspunkten gut investiert. Ein bewährtes Beispiel ist **Angstfrei leben**, die Kombination aus Buch und CD. Das tägliche freiwillige Angstritual befreit meist sofort vom Angstdruck und so entsteht über die Zeit eine regelrechte Psychotherapie in Eigenregie. Viel schöner ist es aber natürlich noch, geführte Meditationen schon lange im Vorfeld von Krankheitsbildern einzusetzen, und tatsächlich sind wenige Wege so gut zu echter Vorbeugung geeignet.

Meditative Vorbeugung auf geistiger Ebene

Um wirkliche Heilung zu erreichen und mit Krankheitsbildern tatsächlich fertig- und wieder gesund zu werden, fordert die **Salutogenese,** die Lehre vom Heilwerden, einen Dreischritt, wie folgt:

1. Das **Verstehen und Durchschauen** des Problems,

2. **um es dann zu gestalten** im Sinne von Beeinflussen und Verwandeln und es schließlich

3. in den **Sinnzusammenhang des eigenen Lebens** einordnen zu können.

Geführte Meditationen helfen dabei ungemein, lassen sie doch das Problem auf der Seelenbilderebene **durchschauen und verstehen** und dann auch über innere Bilder **beeinflussen und gestalten.** Die Richtung dieser Gestaltung ergibt sich am nachhaltigsten aus dem Urprinzipien-Zusammenhang. Jedes

Krankheitsbild und Problem beruht auf einer destruktiven Ausformung eines oder mehrerer Ur- oder Lebensprinzipien und lässt sich in eine konstruktivere oder sogar erlöste Variante dieses Prinzip umgestalten.

Über geführte Meditationen lässt sich aber auch **zum Sinn eines erfüllten Lebens** vordringen und dem eigenen Weltbild eine sichere Basis geben. Letzteres gewährleisten die geführten Meditationen der drei CDs **Polaritätsgesetz, Resonanzgesetz** und **Bewusstseinsfelder,** die das Buch **Die Schicksalsgesetze** in idealer Weise begleiten, ergänzen und dabei helfen, dass die Erkenntnisse auf spielerisch-meditative Art unter die Haut gehen und in Fleisch und Blut übergehen. Alle oben genannten Medien sind erhältlich über www.heilkundeinstitut.at.

 ORDNUNG IM LEBEN SCHAFFEN
Wer sich in der Welt der 10 000 Dinge, wie die Taoisten die Welt der Vielfalt nannten, orientieren will, um Ordnung in seinem Leben zu schaffen, findet ebenfalls über geführte Meditationen den besten Einstieg. Die Welt der Einheit zerfällt auf unserer Ebene in die Gegenpole Yin und Yang. Sie sind die gegensätzlichen Kräfte, die unser Leben bestimmen. Denn die Welt, in der wir leben, ist dualistischer Natur: Tag und Nacht, Sonne und Regen, Männliches und Weibliches.
So sind zum Beispiel Wasser und Erde weibliche Yin- und Feuer und Luft männliche Yang-Elemente. Hier bietet das Programm **Erde – Feuer – Wasser – Luft** einen leichten Zugang über die innere Bilderwelt und ergänzt das gleichnamige Bilderbuch (siehe Anhang) ideal, das auch noch die drei Entwicklungsstufen jedes Elements in berührenden Bildern darstellt. Dieser Schritt von der Vierheit zu den zwölf Lebensprinzipien lässt sich wiederum am leichtesten und nachhaltigsten über das Programm **Die Lebensprinzipien** mit 12 CDs und je zwei Reisen zu jedem Lebensprinzip erfassen und sich zu eigen machen.

Die ganze Welt der geführten Meditationen

Selbstverständlich reichen geführte Meditationen weit über das Thema Krankheit hinaus. Der große Vorteil dieser Meditationsart ist, dass sie sich so **konkret und gezielt** einsetzen lässt. Das ist aber auch ihr größter Nachteil, denn, keineswegs absichtslos, kann sie leichter als östliche Meditationen für schnöden Funktionalismus und Zweckdenken instrumentalisiert werden. Wer aber diese Falle kennt und durchschaut, kann selbstverständlich auch auf diesem Weg innerer Reisen tiefe Erfahrungen zweckfreier Selbsterkenntnis und Bewusstseinsentwicklung verwirklichen.

Weitere Möglichkeiten innerer Bilderreisen

Diese gehen noch wesentlich weiter, als die Krankheitsbilder-Meditationen andeuten. All die Grenzen, die uns und damit weitgehend auch unserem Intellekt durch die äußere Realität gesteckt sind, haben in der inneren Welt der Bilder keine oder nur sehr geringe Macht. Alles, was denkbar ist, kann hier auch Gestalt annehmen, von Fantasiewesen bis zu Erfindungen fernster Zukunft. Auch für die Heilung von Körper und Seele ist das ein Vorteil, denn selbstverständlich lassen sich gefährliche Nebenwirkungen mit dieser Methode ausschalten und regenerierende und heilende Effekte beliebig intensivieren.

> »If you can dream it, you can do it –
> wenn du es träumen kannst, kannst du es tun.«
>
> WALT DISNEY

Die Möglichkeit, etwas bildhafte Gestalt annehmen zu lassen, was es in der realen Welt nicht oder noch nicht gibt, ist natürlich nicht nur für therapeutische Bereiche interessant, sondern auch für alle möglichen anderen. Zukunftsplanungen gestalten sich so viel leichter, aber auch neue Möglichkeiten lassen sich einfacher und wirksamer erproben. Sportliche Bewegungsabläufe sind auf den inneren Ebenen viel besser einzuüben, wodurch sich nicht nur Leistungen verbessern, sondern auch neue Qualitäten entwickeln lassen.

Betrachte dein zukünftiges Leben!

Darüber hinaus lassen sich mittels innerer Bilder alle möglichen Zukunftssszenarien betrachten. Bevor ich etwa mein Haus an einen bestimmten Platz baue, könnte ich auf der inneren Bilderebene anschauen, ob dieser Ort überhaupt geeignet ist und von seiner Schwingung den Bedürfnissen meiner Familie entspricht. Ähnliches gilt natürlich für jeden Ort, an dem wir wohnen oder an dem wir uns aufhalten wollen.

Auf der inneren Bilderebene stehen uns natürlich und selbstverständlich die besten vorstellbaren Therapiemethoden zur Verfügung – schon beliebig lange, bevor sie in der äußeren Wirklichkeit realisiert werden. Das ergibt eine Fülle absolut nebenwirkungsfreier Therapien. Jeder Patient kann sich seine eigene nach Belieben zurechtdenken. Aus der Welt der Märchen und Mythen sind den meisten von uns diese vielfältigen Möglichkeiten innerer Bilderwelten seit Kindheitstagen vertraut. Das macht es leichter, zu ihnen zurückzufinden.

Vor allem sind die inneren Bilder **ideales Mittel der Psychotherapie,** um Ordnung in die Seelenwelt zu bringen und für neue Orientierung zu sorgen. Da der Umgang mit ihnen so einfach ist, lassen sich erste psychotherapeutische Schritte gut in Eigenregie gehen. Auf dem Weg zur Mitte helfen die inneren Bilder, Schutt zu beseitigen und unverarbeitete Traumata zu bewältigen, sie können mit Ängsten aussöhnen und den Hintergrund aller möglichen Probleme erhellen, auch jenen des Alltags, und selbst aus Lebenskrisen haben sie schon oft herausgeholfen. Wer diese Möglichkeiten ausschöpft, bereitet zugleich den Weg zum eigentlichen Ziel der Meditation, der Mitte des Mandalas, auf wundervolle Weise vor.

Dankbarkeits-Meditation

Dankbarkeit zu entwickeln und zum Ausdruck zu bringen, ist eine traditionelle meditative Übung mit der Absicht, uns dafür zu sensibilisieren, nach Gutem Ausschau zu halten. Wenn wir uns regelmäßig auf das „kleine Glück" besinnen, verliert sich schlechte Stimmung oder kleinliches Gekrittel und rückt das Große und Ganze wieder in die richtige Perspektive.

1. **Nimm eine Meditationshaltung im Sitzen oder Liegen ein.** Atme mehrmals tief ein und wieder aus.

2. **Lasse Dankbarkeit für diesen Moment entstehen.** Genieße es, in Ruhe hier zu sitzen oder zu liegen und zu atmen. Selbst wenn es schwerfällt, du keine Zeit hast oder unruhig bist: Achte auf die kurzen Momente dazwischen, in denen es dir guttut, zur Ruhe zu kommen.

3. **Lächle und spüre,** wie dieses Lächeln deinen ganzen Körper erfüllt.

-   **Bedanke dich bei deinem Körper** dafür, dass er dich durch den Tag trägt.

-   Gibt es einen Körperteil, der besonders große oder gute Leistungen erbringt? Danke ihm – deinen Füßen, deinem Herzen, deinen Händen, deinen Augen … Wenn es andere Körperpartien gibt, die dir Probleme bereiten, versuche, dich jetzt gerade nicht von der Wucht deines Ärgers oder

Frusts darüber mitreißen zu lassen. Verdränge die Gedanken nicht, aber stelle sie für den Moment zurück.

- **Danach danke deinem Geist** dafür, dass er dich im Alltag unterstützt. Bist du besonders einfallsreich, nachdenklich oder kreativ? Sage deinem Geist innerlich Danke dafür.

- **Nun danke deiner Seele** und deinem Herzen dafür, dass sie immer für dich da sind. Nimm dir bewusst vor, weiterhin gut auf dich achtzugeben und gut zu dir selbst zu sein.

- **Ist heute etwas geschehen,** worauf du stolz bist oder worüber du dich gefreut hast? Sei dankbar dafür.

4. Spürst du bei dieser Übung vielleicht eine Empfindung, die dir angenehm ist? Wärme, Ruhe, vielleicht **ein Strahlen im Innersten?** Sei auch dafür dankbar.

5. **Nun versuche, auch dankbar zu sein** für die Dinge, die dir nicht zugesagt haben, die gründlich schiefgegangen sind. Vielleicht ließ sich dadurch Wertvolles lernen.

6. **Atme zum Schluss tief ein,** dann lasse den Atem langsam ausströmen. Lächle noch einmal. Sei dankbar für das Lächeln. Dankbar dafür, dass du jetzt gerade hier bist und die Gelegenheit hast, dich mit dieser Meditation in Dankbarkeit zu üben.

2 Mantram-Meditationen

Bei diesen Meditationen meditiert man auf **einen Klang, eine Silbe oder ein Wort.** Aber während es viel leichter ist, der Geschichte einer geführten Meditation zu folgen, liegt hier das Problem darin, dass der Intellekt einen ständig abschweifen lässt und andere vermeintlich wichtigere Gedanken dazwischenstreut. Natürlich sind sie für ihn und das Ego tatsächlich wichtiger, denn die Mantren bedeuten meist nichts, oft bestehen sie absichtlich aus bedeutungslosen Klängen. Die Aufgabe liegt darin, beim Mantram zu bleiben, obwohl der Intellekt im Auftrag des eigenen Ego ständig Besseres und Wichtigeres, Spannenderes und Faszinierendes anbietet – so lange, bis der Intellekt abschaltet und wir diesen Laut transzendieren und in der Leere landen, in diesem Raum, der keiner ist, in einer Zeit, die nicht mehr zählt.

Auf dem Weg dahin kann es zu regelrechten Kämpfen kommen und der Intellekt wird anfangs oft siegen. Ob man im halben oder ganzen Lotussitz Platz genommen hat (siehe auch Seite 60 f.), das Mantram mag dem Bewusstsein nur sporadische Besuche abstatten, weil wir uns die meiste Zeit vom Ego weglocken lassen. Erst am Ende der Meditation mag auffallen, wie unwichtig und letztlich überflüssig diese Interventionen waren. Sie haben nichts gebracht, außer den Sinn der Meditation mit Einwürfen und Wichtigtuereien zu boykottieren.

Aber wer dranbleibt, wird mit der Zeit merken, wie seicht diese Interventionen sind und wie verzweifelt das Ego gegen die Ruhe und Stille kämpft, die sich in der eigenen Mitte und Tiefe immer mehr auszubreiten beginnen.

> **INFO** **EINE LANGE WEILE MEDITIEREN**
> Mantram-Meditation ist im Vergleich zur geführten Meditation viel langweiliger, und das soll sie auch sein. Sie will letztlich **den Intellekt immer durchschaubarer machen** und seinen Auftraggeber, das Ego, zu Tode langweilen. Wenn das erreicht ist, erfüllt sich **ihr Ziel in der Mitte des Seins.**

Vorrangiges Ziel dieser Meditation ist erst mal, immer öfter beim Mantram bleiben zu können. Letztlich aber geht es darum, auch dieses zu transzendieren und diese **(Selbst-)Aufgabe des Ich** zu erleben, die uns in unsere eigene Mitte und Stille sinken lässt und erlaubt, reines Sein zu erfahren. Auf dem Weg dorthin werden wir aber immer wieder längere Perioden erleben, in denen wir mit dem Mantram in Ruhe verweilen können.

Transzendentale Meditation (TM)

Die TM ist, obwohl oder gerade weil sie aus dem Osten kommt, im Westen am populärsten geworden. **Maharishi Mahesh Yogi** begründete sie. Er rechnete sich einer alten yogischen Linie und ebensolchen Traditionen zu, die ihm allerdings von indischen Zeitgenossen nicht zugestanden wurden. Maharishi begeisterte vor allem Musiker wie die Beatles, aber auch die Beach Boys sowie Donovan, der ihm sogar ein Lied widmete (Isle of Islay) und andere. Folglich bestand seine westliche Gefolgschaft zuerst vor allem aus langhaarigen Hippies in verschlissenen Jeans.

Wie alles begann

Maharishi brachte uns mit einer abgespeckten und von ihm auf westliche Bedürfnisse heruntergebrochenen Version der **Bhagavad Gita** auf Mantram-Kurs. Im Rahmen einer kleinen Feier, der sogenannten Puja, bei der wir ihm ein paar Blumen und anfangs wenig Geld darbrachten, wurden wir eingeweiht und bekamen unser ganz individuelles Mantram. Mit diesem meditierten wir morgens und abends jeweils circa eine halbe Stunde und auf sogenannten **Rundenkursen** auch beliebig viel mehr. Als bei diesen unbegrenzten Rundenkursen bei manchen Teilnehmern zu viele seelische Probleme auftraten, wurden die Meditationen beschränkt und durch erdende Yoga-Übungen eingerahmt. Wir machten beeindruckende Erfahrungen und wer beim Meditieren weiterhin Probleme entwickelte, bekam ein sogenanntes Checking.

Später in der TM-Lehrer-Ausbildung staunte ich, wie simpel dieses System war, das, modernen Computerschleifen nicht unähnlich, den Fragenden mit seinen Problemen immer wieder auf dieselbe banale Spur zurückführte, auf der sich die Probleme auflösen sollten. Und es funktionierte, die Bewegung wuchs und schließlich gab es in jeder größeren Stadt ein TM-Center, das

> ## TIPP — MEDITATIONSZEITEN
>
> **Zweimal am Tag, morgens und abends,** ist Meditation einerseits wirksam und andererseits problemlos und sogar sehr empfehlenswert. Öfter geht nur ausnahmsweise, etwa bei schweren Krankheitsbildern, die viel Energie verbrauchen.
>
> Schlechte und damit **Warnzeichen** sind, wenn sich der Nachtschlaf drastisch reduziert, nicht mehr regelmäßig gegessen wird und vor allem Wahrnehmungsillusionen auftreten. In der Meditation und in den Seelenbilderwelten sind diese normal, aber wer mit offenen Augen Dinge sieht, die andere nicht wahrnehmen können, Stimmen hört, die nur er hören kann, sollte den Verdacht haben, dass er zu viel abbekommen hat an Licht oder Schatten.
>
> Zusätzliche **Sicherheit** bieten Übungen, die erden wie **Yoga, Tai-Chi und Qigong** und vor allem die überaus aktive **Dynamische Meditation** nach Osho. Ihrem regelmäßigen Einsatz mag es zu danken sein, dass ich in Poona und in den Sannyas-Zentren ungleich seltener psychotische Meditationszwischenfälle zu sehen bekam.

von TM-Lehrern geführt wurde, die – wie ich – meist wenig Ahnung von dem hatten, was sie da taten und verbreiteten. Trotzdem erlebten wir bei der Meditation weiterhin beeindruckende Erfahrungen und ich war – obwohl ich schon viel Vorübung hinter mir hatte – über weite Strecken begeistert von dieser Form der Versenkung.

Allerdings versackte die Bewegung nach erfolgreichen Jahren bald immer tiefer im Schatten. Es ging umso steiler bergab, je engagierter Maharishi seine Version eines **Zeitalters der Erleuchtung** propagierte. Wir Hippies auf dem Weg zum TM-Lehrer mussten (unsere langen) Haare lassen, in Anzüge schlüpfen, die uns wie Bankangestellte wirken ließen, das Fleisch(essen) aufgeben, unsere Sexualität unterdrücken oder aufs Kinderzeugen beschränken.

Nicht einmal vor Siddhi-Techniken machte das Movement halt, die zu yogi-schem Fliegen führen sollten und vor denen Patanjali in seinen **Yoga-Sutren** ausdrücklich gewarnt hatte. Als einige von uns in psychiatrisch relevanten Problemen versanken, wohl durch viel zu viel Meditation und zu wenig Er-dung, wurde das weitgehend ignoriert und der verordnete Erleuchtungstrip weiter durchgepeitscht. Als alles nichts half, explodierten schließlich die Preise für die zugeordneten Mantren und die Bewegung stürzte vollends ab.

Meditation und „Das Schatten-Prinzip"

Der Grund, warum ich das hier so ausführlich darstelle, liegt in der Gefahr, die vom ignorierten Schatten droht. Dass die Bewegung sich selbst ruiniert hat, ist die eine Geschichte. Dass mit zu ehrgeizigen Meditationsprogrammen Men-schen zu viel des Guten und auch des Dunklen abbekommen können, die andere, ernstere. Wer sich zur Meditation niedersetzt, erlebt die Erleuchtung oder alles, was ihr im Wege steht, habe ich eingangs betont. Beides kann problematisch werden. Wer zu rasch durch ununterbrochene tagelange Medi-tation zu viel Licht abbekommt, kann daran Schaden nehmen, der ihn bis in die Psychiatrie bringt. Bei TM ist das so manches Mal durch übertriebenen und auch noch von oben geförderten spirituellen Ehrgeiz passiert. Aber auch bei denen, bei denen zu viel Dunkles, Unverarbeitetes hochkommt, ist Gefahr im Verzug. Die Mischung aus Triebunterdrückung einerseits und zu starker Sensibilisierung andererseits kann fatal wirken.

Meditationszirkel und ihr Schatten

Die TM-Bewegung sei hier mit ihrem Abstieg ins Schattenreich auch so aus-führlich beschrieben, weil dieser so typisch ist für alle einseitig dem **Licht und der Liebe** verschriebenen Bewegungen – der Schatten holt sie immer und überall ein. Das war später bei Bhagwan-Oshos Ashram ähnlich und anschlie-ßend bei Bhagawan und den Oberen der Deeksha-Bewegung, die sich – nachdem sie ihren gigantischen Meditationstempel gerade fertiggestellt hat-ten und immer direkter Instant-Erleuchtung für sehr viel Geld verkauften – auf höchster Ebene selbst zerfleischten. Doch ich habe auch dort eindrucksvolle und positive Erfahrungen machen dürfen – jeden Abend etwa wurden wir an-gehalten, verwirklichte, sogenannte **Cosmic Beings** zu umarmen, und erleb-ten dabei Erstaunliches auf Resonanzebene.

All diesen drei großen Meditationsbewegungen habe ich letztlich zu danken für Erfahrungen, die ich machen durfte und die mir weiterhalfen. Empfehlen kann ich sie trotzdem nicht, weil sie so offensichtlich in den Schatten abdrifteten und viele Egos auf oberer Ebene nicht geopfert wurden, sondern geradezu aufblühten. Das dürfte auch Anhängern in den unteren Rängen nicht genutzt haben. Vor allem lassen sich all die dort vermittelten – und zum Teil sehr überteuert angebotenen – Erfahrungen auch für weniger Geld ähnlich intensiv erleben, wenn man sich entsprechend darauf einlässt.

Als Fazit zeigt sich, wie wenig sinnvoll es ist, sich östlichen Massen-Meditations-Bewegungen zu verschreiben und viel Geld für angebliche Instant-Erleuchtungen auf dieser Ebene auszugeben.

>>Die Energie reiner Liebe steckt in dir,
du musst sie nur erwecken.<<

AMMA

Ammas Weg und Mantrenvergabe

Den Gegenpol durfte ich bei der **Hugging Ma Amma** erleben, die tage- und nächtelang Menschen umarmt und ihnen – und auch mir – dabei offenbar von Herzen guttut. Schon die Zeit des Wartens bei indischer Musik in einer riesigen Messehalle mit Tausenden von Menschen, die sich nach ihrer Umarmung sehnen, ist bewegend. Amma nimmt sich im wahrsten Sinne des Wortes seit Jahrzehnten Menschen zu Herzen und drückt sie an ihr eigenes. Manchen sagt sie in unserer ihr fremden Sprache einen Satz, der oft ebenso direkt ins Herz geht. Das ist offenbar ihre Einweihung.

Gefragt, ob ich ein Mantra von ihr wolle, sagte ich spontan Ja. Sie gab es mir und ich nutze es oft und gern, ohne all den bei TM üblichen Wirbel – und in Erinnerung an einen bewegenden Abend unter Freunden. Es ist ein längerer Klang, der wie bei TM für uns keine Bedeutung hat und allein als **Stütze und Kristallisationspunkt für den Geist** dient, zu dem dieser, komme was wolle, immer wieder zurückfindet.

Om-Meditation

Anders als die beiden beschriebenen Mantram-Meditationen ist die **heilige Silbe Om** bedeutungsschwanger, Om ist das Mantram schlechthin. Ich habe damit keine eigene Meditationserfahrung, aber wann immer ich das Om von einer CD – etwa nach einer längeren Sitzung mit dem verbundenen Atem – länger im Raum schwingen lasse, sind die Teilnehmer(innen) berührt und bewegt. Kein Mantram hat wohl ein stärkeres Feld als dieses, und warum soll es sich nicht als Kristallisationspunkt auch für westliches Bewusstsein eignen? Das überwältigende Feld ergibt sich aus der ungeheuren Verbreitung, die weit über die hinduistische Kultur hinausgeht. Was so viele Menschen schon in ihrem Bewusstsein bewegt haben, schwingt natürlich gut und leicht. Und sobald es aus dem Bewusstsein verschwindet, holt der Meditierende es einfach und mühelos zurück, bis es wieder verschwindet und so weiter in einem fort, bis es in der Einheit verschwindet und seinen Meditierenden mit sich in **Transzendenz und Befreiung** zieht. Aus Sicht des Hinduismus steht die heilige Silbe natürlich jedem zur Verfügung. Und vielen, die den Bezug zu den Wurzeln ihrer eigenen christlichen Kultur weitgehend verloren haben, mag es heute sogar näher sein als die kommende Lösung.

Herzens-Meditation

Siegfried Scharf, ein deutscher Heilpraktiker, von dem ich vor 40 Jahren Neuraltherapie und Einrenken lernen durfte und der vor wenigen Jahren hochbetagt in Kanada starb, begründete auf seinem christlichen Hintergrund und uneins mit der transzendentalen Meditation und ihrem Management eine eigene Richtung, die sogenannte Herzens-Meditation. Das Mantram lautet hier bei allen gleich **Jesus Christus** und wird im Herzen gedacht beziehungsweise bewegt. Ich übte diese Meditation mit Hingabe und möchte auch diese Erfahrung nicht missen. Allerdings war ich so mit meinem TM-Mantram verbunden, dass es immer wieder dazwischenkam und ich nicht selten in das vertraute Schwingungsfeld zurückgezogen wurde. Von vielen erfuhr ich, die sich von Anfang an der Herzens-Meditation verschrieben hatten, was für schöne erhebende Erfahrungen sie machen durften.

Tatsächlich gab es zu allen Zeiten Herzens-Meditationen wie etwa das Herzensgebet der Ostkirche und im Mittelalter das mystische Traktat von der Wolke des Nichtwissens. In einfachster Weise kann man aber auch ganz frei in seinem Herzen Gedanken wiederholen und wird so beim Sitzen oder Laufen, beim Gehen oder Radfahren verschiedene, sich wundervoll ergänzende Aspekte inneren Wachstums vereinigen, besonders wenn man sein Herz obendrein noch lächeln lässt, wie bei der geführten Meditation dargestellt. Solche Synergieeffekte führen zu noch beeindruckenderen Ergebnissen, weil das Ganze so viel mehr ist als die Summe seiner Teile.

 EIN WEG ZUR HERZ-MEDITATION
Man denkt **Jesus Christus im Herzen** und kommt, wann immer man abschweift, einfach darauf zurück. Morgens und abends geübt, kann das dem Tag und einem selbst einen wundervollen Rahmen im Sinn der eigenen Tradition schenken.

3 Zen-Meditation

Die japanische Sitzmeditation, der ich mich in Gestalt des Zazen seit über 40 Jahren widme, ist aus der Zen-Tradition am bekanntesten. Aber Zen ist tatsächlich viel mehr eine **Lebensphilosophie und Geisteshaltung.**

- Wer sich etwa schläfrig und damit yinlastig fühlt, kann auch zum Ausgleich dieser Einseitigkeit zur eher yangbetonten **Stehmeditation** wechseln, in der es leichter ist, bewusst zu bleiben.

- Wer sich dagegen überdreht und zu yanglastig fühlt, kann zum yinbetonten **Liegen** wechseln, was naturgemäß am einfachsten in die Ruhe führt.

- Wer sich ausgeglichen fühlt, wählt am besten die **Sitzmeditation**. Sie ist insgesamt und auf Dauer die beste Haltung.

Dabei konzentrieren wir uns auf den Atem, aber letztlich ist es egal, worauf, wir folgen immer derselben Grundhaltung, die schon von der Mantren-Meditation bekannt ist. Sobald wir feststellen, dass wir gedanklich abgeschweift sind, bringen wir den Geist wieder entschieden, aber ohne uns zu bewerten oder gar zu verurteilen, zur Betrachtung des Atems zurück. Ob wir ihn im Heben und Senken der Bauchdecke oder im feinen Windhauch beim Einatmen im Innern der Nase wahrnehmen, ist dabei gleichgültig. Sobald wir feststellen, dass wir gedanklich abschweifen, führen wir unseren Geist wieder an den Kristallisationspunkt der Meditation zurück, frei von schlechtem Gewissen, aber trotzdem bestimmt.

Geh-Meditation

Diese Meditation ist eine aktive Achtsamkeitsmeditation, die leicht zu lernen und fast überall problemlos durchzuführen ist. Anders als bei anderen Achtsamkeitsübungen konzentrieren wir uns jedoch nicht auf Dinge wie den Atem, Geräusche oder Gedanken. Wir richten unsere Aufmerksamkeit vielmehr auf etwas, das wir gerade tun, nämlich gehen. Mit einiger Übung kann man die Gehmeditation auf dem Weg zur Arbeit oder im Wartehäuschen an der Bushaltestelle durchführen und alles um sich herum für kurze Zeit ausblenden.

1. **Zum erstmaligen Üben** gehe am besten barfuß.

- **Stelle dich aufrecht hin,** die Füße sind etwa hüftbreit auseinander. Spüre, wie die Fußsohlen auf dem Boden aufliegen. Fühlst du den Untergrund? Ist er weich oder hart, glatt oder rau, kühl oder warm? Bewege den Oberkörper ein wenig vor und zurück, nach links und nach rechts, bis du in der Mitte ein stabiles Gleichgewicht gefunden hast.

- **Lockere die Knie leicht** und richte den Oberkörper auf, als wäre oben am Kopf ein unsichtbarer Faden befestigt, der dich in die Länge und Höhe zieht. Senke dein Kinn um eine Winzigkeit. Dein Blick ist geradeaus gerichtet.

2. **Nun hebe langsam und aufmerksam einen Fuß.** Achte im Folgenden genau auf all das, was du sonst automatisch tust! Es geht darum, be-

wusst und konzentriert eine ganz alltägliche Bewegung neu wahrzunehmen. Du vollführst deine Schritte so normal wie möglich, allerdings so langsam, dass du die einzelnen Phasen der Bewegung genau spürst:

- **Erst das Anheben des Fußes,** einhergehend mit einem Anspannen des Oberschenkels, dem Beugen der Hüfte und einem leichten Kippen des Oberkörpers, um die Balance zu halten.

- **Dann folgt die Vorwärtsbewegung des Beins,** wieder synchron mit einer begleitenden Ausgleichsbewegung des Oberkörpers. Setze den Fuß auf den Boden, vielleicht 30 Zentimeter weiter vorn. Womit tritt er zuerst auf – der Ferse, dem Ballen, der gesamten Sohle? Es gibt kein Richtig und kein Falsch, nur deine persönliche Wahrnehmung.

- **Du verlagerst dein Gewicht nach vorn,** kippst die Hüfte erneut, hebst nun den hinteren Fuß an und konzentrierst dich darauf, wie dieser den Boden verlässt, eine bogenförmige Bewegung durch die Luft vollführt und dann vor dem anderen Fuß aufsetzt. Währenddessen verschiebt sich das Gewicht auf dem stehenden Fuß fließend von hinten nach vorn.

- **Es genügt fürs Erste,** wenn du fünf bis sechs eher kurze Schritte geradeaus und wieder zurück tun kannst. Wenn mehr Platz ist, kannst du bei der Meditation auch ein Quadrat abschreiten.

3. **Beende die Übung,** indem du deine Beine kurz ausschüttelst.

»Gehe, als wolltest du die Erde
mit deinen Füßen küssen.«

THICH NHAT HANH

Sitz-Meditationen

Äußere und innere Haltung spiegeln einander beim Meditieren, wie beispiels-weise bei der Mantren- oder Upekkha-Meditation. Doch auch für alle anderen Arten von Sitzmeditation gilt, dass die für die Meditation so entscheidend wichtige Entspannung sich am besten in größtmöglicher Mühelosigkeit ergibt. Das ist, auch wenn es anfangs gar nicht so scheinen mag, die **aufrechte Haltung der Wirbelsäule,** unserer Weltachse, mit der gut ausbalancierten Weltkugel auf ihrer Spitze.

- Hilfreich zum Einpendeln um diese ist die Vorstellung, dass uns ein Faden vom Scheitel mit jedem **Einatmen** sanft nach oben zieht und so Wirbel für Wirbel aufrichtet.

- Beim **Ausatmen** hilft die Vorstellung, sich ruhig wie ein Berg abzusetzen, um typische Zen-Sprache zu wählen.

- Einige Wiederholungen des Aufrichtens nach oben zum Himmel lassen die Wirbelsäule wie einen **Bambus im sanften Wind** schwingen und sich auf die entspannteste Mittelposition einpendeln. Je weniger Muskelspannung dabei ins Spiel kommt, desto entspannter ruhen wir in unserer Mitte.

Fehlhaltungen vermeiden

Leider ist das schon gar nicht mehr allen so leicht möglich, weil das Leben unsere Weltachse gebeugt oder wir uns verbogen haben, um dem Leben mühevoll gerecht zu werden. Eine typische Fehlhaltung ist der Rundrücken mit einer **Verbiegung der Lendenwirbelsäule.** Die daraus folgende nach vorn gebeugte Haltung ist scheinbar bequemer. Auf Dauer ist sie es nicht, jeden-falls macht sie schläfrig.

Wer den Kopf (nach vorn) hängen lässt, bezahlt diese pessimistische Haltung und Einstellung zum Leben mit Nackenverspannungen und langfristig mit Hartnäckigkeit. Doch auch der Gegenpol ist nicht besser. Den Kopf in den Nacken zu werfen, lässt einen hochnäsig und arrogant erscheinen. Wir pendeln uns also zwischen Hartnäckig- und Hochnäsigkeit in unserer Mitte ein.

TIPP

SITZEN WIE EIN BERG

Das Zen-Bild dazu: Ganz entspannt sitzen wir ruhig und fest im Boden verankert wie ein Berg, unsere Basis fest gegründet, der Kopf wie ein **Gipfel zum Himmel** ragend. Gedanken, die dazwischenkommen, lassen wir vorüberziehen wie **Wolken** an einem klaren blauen Himmel. Den Berg kümmern weder die Wolken noch die Gedanken, während er vollkommen absichtslos in sich ruht. Die Stirn ist frei und weit wie ein wolkenloser Himmel, als Symbol der Gedankenfreiheit, und so kann sich ein entspanntes, geradezu **seliges Lächeln** aus den Augen über das ganze Gesicht ausbreiten – nach oben bis zur Stirn, nach unten die Lippen umspielend. Ein Lächeln öffnet wie nebenbei die vielen Energiezentren im Gesicht. Die Zungenspitze liegt am oberen Gaumen, hier den wichtigen (kleinen) Kreislauf der Lebensenergie schließend.

Die Vorstellung des vom Scheitel nach oben ziehenden Fadens kann auch hier helfen, die Wirbelsäule aufzurichten, dabei den Nacken sanft zu strecken und zu dehnen und das Kinn leicht nach unten zur Brust zu nehmen. Stirn, Kinn und Brustbein bilden so fast eine Linie.

Meditieren auf dem Stuhl

Die japanische Zen-Meditation geht im Grunde vom selben Denken aus wie die amerikanischen Ureinwohner, die Indianer. Wer den Kopf zum Vater im Himmel emporrecken will, sollte mit den Füßen tief verankert in Mutter Erde sein. In Zen-Deutsch liest sich das so: Je höher wir die Baumkrone in den Himmel ragen lassen, desto tiefer müssen die Wurzeln in der Erde verankert sein. Erdung ist in diesen beiden Kulturen also von viel größerer Wichtigkeit als in unserer Gesellschaft, wo alle möglichst hoch hinauswollen, oft ohne für die notwendige Grundlage zu sorgen. Insofern wird auch beim Meditieren der Sitz auf dem Boden bevorzugt.

Wer diese Sitzposition aber nicht seit seiner Jugend geübt hat, dem fällt sie meist schwer. Insofern ist es gut zu wissen, dass Meditation auch auf einem Stuhl möglich ist, wobei man hier zwar abgehoben vom Boden ist, aber ihn doch immerhin mit sechs Punkten berührt, den eigenen Füßen und den vier geliehenen Stuhlbeinen.

- Wir nehmen mit beiden Fußsohlen im **Kontakt zum Boden** so Platz, dass unsere Wirbelsäule frei schwingen kann. Das Gewicht ruht auf der vorderen Stuhlkante oder von einem kleinen Keilkissen so nach hinten abgestützt, dass die Wirbelsäule auch im unteren Bereich möglichst anstrengungslos aufrecht ist. Ein leichtes Hohlkreuz ist besser als ein Rundrücken. Am besten aber ist natürlich die ganz **gerade Haltung.**

- Die Hände legen wir in den Schoß, zum Zeichen, dass es nichts zu tun gibt, außer entspannt, wach und aufrecht den Atem zu beobachten. Traditionell zeigen die **Handflächen nach oben,** der linke Handrücken ruht leicht in der rechten Handfläche, die Daumenkuppen berühren sich sanft.

- Mit ein paar bewussten Atemzügen und bei geschlossenen Augen stimmen wir uns auf die Meditation ein. Der **Atem fließt absichtslos und frei** und wir folgen aufmerksam den minimalen Bewegungen, die er verursacht. Sein Auf und Ab ähnelt der sanften Dünung des Meeres, die wir auf Brust- und Bauchdecke wahr- und wichtig nehmen. Im Innern der Nase spüren wir unseren sanften Atemwind, der unsere Lungenflügel ebenso bewegt.

- So verweilen wir anfangs eine Viertelstunde lang und steigern uns langsam auf eine halbe; das natürliche Kommen und Gehen unseres Atems immer absichtsloser erlebend.

Sitzhaltungen auf dem Boden (der Tatsachen)

Der japanische oder Diamantsitz: für Anfänger die einfachste Position auf dem Boden. Je höher das Zafu genannte Sitzkissen oder auch das Bänkchen ist, desto leichter. Wir ruhen auf vier festen Punkten und sind bestens geerdet. Für Knie und Fußvorderseiten ist es noch angenehmer und bequemer, eine

BURMESISCHER
SITZ

DIAMANT-
SITZ

LOTUSSITZ

Decke oder Unterlage zu benutzen. Diese Haltung erleichtert das Aufrichten der Wirbelsäule.

Der burmesische Sitz: Der sogenannte Schneidersitz ist – auch wenn er von Anfängern oft gewählt wird – für keine Art von Meditation geeignet, da er instabil ist. Bei allen Sitzhaltungen am Boden brauchen wir mindestens drei feste Punkte. Beim burmesischen Sitz sind beide Knie am Boden und bilden mit dem Gesäß eine Art Dreifuß, der sich zum Dreigestirn entwickelt, wenn wir die schwebende Leichtigkeit des Seins erleben. Beide Fersen liegen dabei aneinander und so nah wie möglich vor dem Becken.

Der halbe Lotussitz: Hierbei legen wir einen unserer Unterschenkel auf den gegenüberliegenden Unter- oder besser Oberschenkel, traditionell gehört der linke auf den rechten, aber das ist nicht entscheidend – Hauptsache, die Position ist stabil und bequem. Diese Haltung ist die Vorübung für Padmasana, den vollen Lotussitz. Sie macht dich beweglicher und mit regelmäßiger Übung kannst du die Position von Padmasana erreichen. Die Stellung ist gut für deine Hüfte, Knie und Knöchel. Wechsle deine Beine hin und wieder, da ein langfristiges Sitzen in dieser Position Schmerzen verursachen kann.

Der vollkommene Lotussitz: Dies ist die Krone der Sitzhaltungen wie der Lotus die der Blumen und ein **Symbol für das Erreichen des Ziels.** Klassisch liegt bei dieser Sitzhaltung der rechte Unterschenkel auf dem linken Oberschenkel und der linke Unterschenkel darüber auf dem rechten Oberschenkel.

TIPP **VORSICHT:**
Übertriebener Ehrgeiz schadet überall, aber hier ganz besonders. Perfektionismus ist bei der Meditation ein fürchterliches Hindernis. Wer diese Sitzhaltung nicht schon sehr früh, also wenigstens in seinen Teenagerjahren gelernt hat, sollte es später lassen. Wo mit Hebelgewalt die Unterschenkel unter Schmerzen verknotet werden, ist die Erleuchtung weit weg.

Handlungen oder Mudras

Nach östlicher Auffassung spiegeln die Handhaltungen den Zustand des Geistes wider, was ihnen so viel Bedeutung gibt. Wer Zweifel daran hat, möge nur einmal zehn Minuten in der katholischen Gebets- oder indischen Grußhaltung Namasté verharren und sich dabei spüren und anschließend in der evangelischen Art seine Finger ineinander verschränken und ihre Spitzen gegeneinander richten und den Unterschied wahrnehmen.

Hier nur zwei der wichtigsten Haltungen aus Japan und Indien:

- Bei der **geschlossenen Handhaltung im Stil des japanischen Zen** ruht der linke Handrücken in der rechten Handfläche, die Daumenspitzen berühren sich sanft und sensibel, ein Oval mit den Handflächen bildend. Die Kleinfingerseite wird circa drei Fingerbreit unterhalb des Nabels, am sogenannten Hara, sanft an den Unterbauch gedrückt und in dieser Schwebeposition gehalten. Wenn das anfangs nicht entspannt möglich ist, können die Hände auch einfach in den Schoß gelegt werden. Die geschlossene Handhaltung fördert die Zentrierung und Sammlung.

- Bei der **offenen indischen Variante,** die beim Yoga eine Rolle spielt, berühren sich Daumen- und Zeigefingerkuppe jeder Hand sanft und werden gleichsam aneinandergelegt. Die übrigen Finger sind zu einer entspannten Handflächenschale geöffnet. Beide Hände liegen mit offenen Handflächen nach oben auf den Oberschenkeln in Knienähe. Bei der offenen Handhaltung geht es um Offenheit und Empfänglichkeit, nach oben orientiert und bereit für himmlische Inspirationen.

Zen-Meditations-Techniken

Es gibt zahlreiche Meditations-Techniken im Zen, bewegte wie unbewegte. Die bekanntesten sind die folgenden.

Den Atem zählen

Um sich bei wachem Bewusstsein zu halten, empfiehlt die Soto-Richtung, die auf den Zen-Patriarchen Dogen zurückgeht, den Atem zu zählen, und zwar jeweils bis zehn, um dann wieder von vorn anzufangen. Das Zählen auf den Einatem verstärkt unser Wach- und Bewusstbleiben zusätzlich, das Zählen des Ausatems führt eher zu Beruhigung und Entspannung.

Das ist aber nur eine Hilfe, man kann auch nur den **Atem beobachten** im Rhythmus des Auf und Ab von Brust und Bauchdecke und ohne zu zählen. Letzteres hat aber den Vorteil, sich rascher bei Unbewusstheit zu erwischen. Wenn man plötzlich bei über 20 ist, fällt das doch auf, und man kommt ohne Vorwurf, aber gleich zu eins zurück. Wer zehn kaum je erreicht, weil er immer wieder abdriftet, hat auch einen deutlichen Hinweis darauf, wie es um seine Konzentration und Bewusstheit steht. Aber auch hier gilt es, ohne jeden (Selbst-)Vorwurf einfach wieder zum Anfang zurückzukehren.

Die Koan-Methode

Diese dürfte für westliche Menschen eine weit größere Herausforderung darstellen. Außerdem braucht sie einen Meister oder Roshi, um den Meditationsfortschritt zu beurteilen. Der Schüler bekommt eine **vom Intellekt her unlösbare Aufgabe** und muss bei jeder Sitzperiode versuchen, das intellektuell unlösbare Problem trotzdem zu lösen.

Ein berühmtes Koan ist zum Beispiel folgende Aufgabe:

Ein Taubenei wird in eine kostbare Mingvase mit schmalem Hals gelegt und dort bebrütet, bis die Taube ausschlüpft und herangewachsen schon zu groß ist, um noch durch den Vasenhals befreit zu werden. Der Schüler hat nun einen Weg zu finden, das Tier zu befreien, ohne die Vase zu zerstören.

Ähnlich schwer ist das Hören des Klatschens der einen Hand, um noch ein bekanntes Koan zu erwähnen. Die Schüler bemühen sich beständig um die Lösung und können sie immer wieder dem Roshi vortragen, der sie, bis sie Befreiung gefunden haben, immer wieder buchstäblich hinauswirft.

Mit offenen oder geschlossenen Augen

Das ist der entscheidende Unterschied zwischen japanischer Zen-Meditation und der indischen Vipassana-Variante (siehe Seite 68). Auch in der Wirkung ergibt sich aus diesem scheinbar kleinen Detail ein erheblicher Unterschied.

Bei der Zen-Meditation lassen wir nach dem Einpendeln unserer Weltachse, was besser mit geschlossenen Augenlidern geht, diese anschließend aufgehen und legen den Blick absichtslos vor uns am Boden ab. Es wird also vorwiegend mit leicht geöffneten Augen meditiert oder **halb geschlossenen Lidern,** so wie wir das von den meisten Buddhastatuen kennen. Bei der Zazen-Sitz-Meditation ist der Blick dabei schräg nach unten etwa einen Meter vor uns ruhig am Boden abgelegt und wir sitzen ganz präsent nach außen wie nach innen schauend und sehr wach. Der Blick verweilt unbewegt vor uns auf dem Boden. Die Augen ruhen und ihre Bewegungen kommen ebenfalls zur Ruhe. Das ist wichtig, denn sie korrespondieren mit denen des Geistes, wie wir aus der Traumforschung im Schlaflabor wissen. Den Geist aber wollen wir ja vor allem zur Ruhe bringen. Auch der Volksmund weiß, dass ein wirrer flackernder Blick auf einen (w)irren Geist hindeutet, während ein stetiger, fester und ruhiger Blick einen ebensolchen Geist verrät.

Die **Meditation mit offenen Augen** fördert folglich Wachbewusstsein und Offenheit für die äußere Welt und tatsächlich geht es ja beim Zazen und eigentlich bei jeder Meditation ums Erwachen, schließlich lautet der Ehrentitel des Buddha: der Erwachte. Außerdem haben Meditationen mit offenen Augen so eine verstärkte Tendenz, den Geist zu beruhigen, da sie auch die Augenbewegungen und damit die Gedankenaktivität minimieren.

Zen-Tipps für einen achtsamen Alltag

Lebe im Hier und Jetzt!
Darin steckt eine essenzielle Lebensweisheit: Carpe diem – „Pflücke den Tag!" Nur das „Jetzt" zählt – gestern ist vergangen und die Zukunft noch nicht da. Das Leben steht dir nur im Augenblick zur Verfügung! Die tägliche Meditationspraxis – und sei sie auch noch so kurz – kann dir dabei helfen, dir genau dieses Gefühl, im Hier und Jetzt zu sein, zu schenken.

Sei achtsam!
Versuche allem, was du tust, deine volle Aufmerksamkeit zu schenken. Achtsamkeit ist das Gegenteil von zerstreutem Nebenher und Nebeneinander sowie Multitasking. Das macht nur unruhig, hektisch und unkonzentriert, sorgt für schlechte Stimmung und du bist irgendwann nicht mehr bei dir und bei den Menschen, die du magst.

Sei authentisch!
Zen bedeutet im Alltag, auf eine bestimmte Art mit all den Gefühlen umzugehen, mit denen du tagtäglich umgehen musst. Dabei schlägt Zen vor, unangenehme, Leid bringende Gefühle, zum Beispiel Ärger oder Wut, anzunehmen, sie in ihrer Veränderbarkeit zu erkennen, gegebenenfalls zu betrauern und loszulassen. Zur Authentizität eines Menschen gehört es auch, nicht absichtlich zu lügen und sich und anderen nichts vorzumachen. Nur so kannst du zu dir selbst kommen.

Liebe dich selbst!
Nur vorab: Mit Ich-Bezogenheit hat Selbstliebe nichts zu tun. Zen fordert vielmehr dazu auf, sich als den unvollkommenen Menschen anzunehmen, der noch auf der Reise ist, sich entwickelt und noch nicht am Ende seines Weges angekommen ist.

Lerne loszulassen!

Loslassen hat im buddhistischen Sinn nichts mit Gleichgültigkeit zu tun, sondern mit dem Erkennen, dass alle Dinge, das Leben und jedes Gefühl vergänglich sind. Was du heute hast und liebst, kann morgen schon fort sein – und wer mit Gedanken und Gefühlen gerade dieser einen Angelegenheit, oder auch dieser einen Liebe anhaftet, wird sich schwertun, danach wieder glücklich und zufrieden zu werden.

Gehe bewusst mit deinen Wünschen um

Mit Wünschen fängt das Leiden an, so die buddhistische Überzeugung. Gier bringt Ärger, Wut und Zorn, wenn die Be**gier**den und Wünsche des Ich nicht erfüllt oder enttäuscht werden. Genauso verhält es sich mit Erwartungen, die wir in andere Menschen setzen. Bedenke, dass diese anderen – deine Freunde, dein Partner, deine Kinder – nicht auf der Welt sind, um deine Bedürfnisse zu erfüllen. Nun bedeutet das Zen-Gebot keinesfalls, dass du keine Wünsche mehr haben darfst. Nur deine Einstellung dazu solltest du immer wieder überprüfen! Erwarte nicht, dass die Erfüllung deiner Bedürfnisse zum absoluten Lebensglück führt.

Vertraue dem Leben

Versuche, dem Fluss des Lebens, auch wenn er immer wieder neue, überraschende und gelegentlich unangenehme Wendungen bereithält, keinen Widerstand entgegenzusetzen. Dinge geschehen, Beziehungen bleiben bestehen – oder gehen auseinander. Bei diesem Zen-Gebot geht es darum, in Einklang mit allem zu sein. Vertraue darauf, dass das Leben alles auf die einzig richtige, sinnvolle Art geschehen lässt. Kämpfe nicht dagegen an, sondern lerne, auch unliebsame Entwicklungen gelassen anzunehmen. Alles hängt miteinander zusammen – setze einen Fuß vor den anderen, gehe einfach deinen Weg.

Finde deinen inneren Frieden

Der Weg des Lebens bedeutet im Zen, seinen inneren Frieden zu finden. Je mehr und regelmäßiger du über die Gebote des Zen nachdenkst, sie übst und in deinen Alltag integrierst, desto weiter wirst du kommen.

4 Vipassana-Meditation

Diese Meditationsform ist die hinduistische Variante der japanischen Zen-Meditation. Fast alles zum Zazen Beschriebene, von der Sitzposition bis zur Körperhaltung, gilt auch hier, mit Ausnahme der Augenposition. Denn bei Vipassana wird mit geschlossenen Augen meditiert. Wie fast alle indischen Meditationen zielt sie auf **Verinnerlichung und Versenkung.** Tatsächlich lassen sich diese Unterschiede sogar wissenschaftlich messen. Zen-Meditierende reagieren auf Störungen ganz anders und viel weniger stark als Vipassana-Schüler. Während Letztere erschrecken und aus ihrer Versenkung gleichsam aufschrecken, bleiben Zen-Schüler im Allgemeinen ruhig, weil ständig wach.

Dieser kleine Unterschied zeigt sich auch im Erscheinungsbild und Führungsstil entsprechender Kurse und Klöster. Während zum Zen auch Manager – nicht nur in Japan – strömen, ist das bei Vipassana weniger der Fall. Deren Gruppen sind extrem leicht störbar und ihre Leiter entsprechend empfindlich. Frauen und Männer dürfen nicht mal dieselben Wege benutzen. Sie sind so auf Störungsfreiheit aus, dass sie sich und ihren Herbergen das Leben extrem schwermachen.

Entsprechend ist Zen sehr alltagstauglich und auch im Alltag jederzeit ein- und umsetzbar, während Vipassana eine Oase und großen Abstand von dieser Welt braucht und obendrein das in Indien verbreitete Problem großer Sinnenfeindlichkeit und der rigorosen Ablehnung von Sinnlichkeit mit sich schleppt. Das war auch der Grund, warum Bhagwan-Osho mit den von ihm vertretenen Sinnenfreuden solch eine Provokation für die Inder wie die Puritaner im Westen darstellte.

> **TIPP** **TRATAK-MEDITATION**
> Hierbei fixieren wir unverwandt für einige Minuten eine Kerzenflamme, um anschließend die Augen zu schließen und uns für den längeren Rest der Meditation auf den dadurch entstehenden Farbreflex im sogenannten **dritten Auge** zu konzentrieren.

»DAS ZUHÖREN
IST EINE KUNST AN SICH.
WENN WIR MIT STILLEM
UND KONZENTRIERTEM GEIST
ZUHÖREN, IST ES MÖGLICH,
TATSÄCHLICH FÜR
DAS EMPFÄNGLICH ZU SEIN,
WAS DIE WORTE SAGEN.«

5 Neue Alltags-Meditationen

Das ist eine typisch buddhistische Vorstellung, geht doch diese Tradition davon aus, dass wir bei jeder Tätigkeit Befreiung finden können, wenn wir nur wach und bewusst genug sind. Die in den USA populär werdenden Mindfulness-Meditationen gehören natürlich auch hierher.

Achtsamkeits-Meditation:

Achtsamkeit ist der Schlüsselbegriff der buddhistischen Meditation. Was immer wir mit Achtsamkeit tun oder lassen, ist Meditation. Ob ich beim Gehen oder Treppensteigen, beim Putzen oder bei der Gartenarbeit achtsam bin, ist gleichgültig. Solange ich es bin und einfach mit wachem Geist alles bei meinem Tun und Wachsein wahr- und gleichermaßen wichtig nehme. Das achtsame Handeln ist eine wunderschöne Möglichkeit, um sofort zur Ruhe zu kommen, besonders für westliche Menschen mit wenig Zeit und großer Hektik, die von einem „Hype" zum anderen stürmen. Sie bräuchten „nur" bei dem, was sie gerade tun, achtsam und bewusst zu sein, und schon wären sie in einer Form der Alltagsmeditation. Natürlich ist es aber noch leichter, wenn man sich in die Ruhe zurückzieht und die Aktivität reduziert, um still zu sitzen.

Allerdings ist das bei ständigem Termindruck und bei der enormen Beschleunigung unseres Alltags besonders schwierig. Insofern stellt **Langsamkeit** eine große Chance dar. Wenn wir – ganz gleich, was wir tun – etwas deutlich langsamer als gewohnt machen, können wir leichter bewusst dabeibleiben. Insofern ist die Geh-Meditation Kinhin aus der Zen-Tradition ein gutes Beispiel, bei der wir die Füße bei jedem Schritt langsam und bewusst setzen. Das kannst du auch auf dem Weg zum Briefkasten versuchen.

Wo das gelungen ist, könnte die Wahrnehmung des **Fließens** hinzukommen. Wenn Bewegungen weich ineinandergehen, machen sie noch ungemein mehr Freude und erleichtern damit, bewusst bei ihnen zu bleiben.

Eine weitere wundervolle Chance liegt in der **Einfachheit.** Nicht umsonst zielt die katholische Benediktiner-Regel **ora et labora** auf einfache Tätigkeiten ab, bei denen es leicht ist, Achtsamkeit und Bewusstheit zu bewahren. Wer mit Einfachem anfängt, das er obendrein sehr langsam macht, hat alle Chancen, dabei achtsam und bewusst zu bleiben und bald die himmlische Wirkung dieser Haltung zu spüren.

Achtsamkeit und Bewusstheit fördern ihrerseits **innere Ruhe** und schließlich sogar jene **bezaubernde Stille,** von der die Mystiker schwärmen. Wenn ich langsam und achtsam und obendrein diszipliniert egal was mache, werde ich dabei automatisch ruhig, denn ich mache es ja auch in Ruhe und aus der Ruhe heraus. Es ist obendrein erstaunlich, was man dabei alles schafft und wo man überall seinen inneren Frieden bewahren kann – selbst im hektischsten Trubel angeblich schlimmster Flughäfen. Und ich bin sicher, dass jede(r) so etwas in sich trägt, das sich mittels Langsamkeit und Achtsamkeit in Ruhe zur Meditation entwickeln ließe. Und warum nicht die Stille wachsen lassen und irgendwann auch zwischen den Meditationen empfinden? Morgens und abends in die Stille der Zen-Meditation einzutauchen, ist wunderschön, aber wenn sie dazwischen in den Alltag einbricht, ist das noch viel bezaubernder – und es ist möglich.

Wer mit Ruhe und In Stille ist, wird **Entspannung** ganz nebenbei erleben, sie wird sich einfach breitmachen und unser System überschwemmen – im wörtlichsten Sinn auf Zellebene mit den Nervenbotenstoffen (Neurotransmittern) des archetypisch weiblichen Parasympathikus, dem bremsenden unse-

rer beiden vegetativen Nervensysteme. Der moderne Mensch wird heute in einer Tour angehalten, Gas zu geben, und brennt dabei immer häufiger bei dauererregtem Sympathikus im zeitgemäßen Burn-out-Feuer aus. Dabei verkommt die Bremse, der Parasympathikus, immer mehr und sein wohltuender Neurotransmitter GABA (Gamma-Amino-Buttersäure) wird zur Mangelware im Organismus. Aber wenn wir Entspannung in unser Leben einladen, kommen Feuer und Bremse wieder in Harmonie und wir in Kohärenz, jene Bewusstseinslage, die sich so ungemein angenehm anfühlt.

Disziplin ist ein weiteres Zauberwort, das so eng mit Meditation, aber auch mit Erfolg verbunden ist. Ihr Leben nicht gewagt zu haben, ist die Hauptklage moderner Menschen auf dem Totenbett. Aber gleich anschließend folgt die Einsicht, aus Mangel an Disziplin so viel versäumt zu haben. Meditation braucht Disziplin, besonders anfangs, wenn die Früchte noch nicht so offensichtlich sind und von Fruchtverzicht im buddhistischen Sinn sowieso noch keine Rede ist. Disziplin ist aber auch der Schlüssel zum Erfolg. Der Wissenschaftsautor Malcolm Gladwell entschlüsselt in **Überflieger** das Geheimnis der Genies: Es ist vor allem Disziplin. Wer etwas 10 000 Stunden geübt hat, so fand er heraus, wird von anderen leicht für ein Genie gehalten. Nicht auszudenken, wenn wir nicht nur 10 000 Stunden unser Thema übten, sondern es mit Hingabe täten, mit Achtsamkeit und anfangs auch Langsamkeit und jedenfalls im Fluss und mit Begeisterung und Bewusstheit. Es würde zur Meditation und wir zu Meister(inne)n.

Schließlich könnte es so weit kommen, dass wir anfangen, diese Tätigkeit immer mehr zu lieben, wie ich mein Schreiben. Und wenn **Liebe** dazukommt, öffnen sich die Tore des Himmels wie von selbst. Was wir lieben, machen wir nicht nur gut, sondern es erhält diese besondere himmlische Qualität, und alle Disziplinprobleme schmelzen dahin wie Schnee in der Sonne. Was wir lieben, machen wir so gern, dass wir es immer machen könnten. Wenn wir aber immer meditierten und das ganze Leben zur Meditation würde – voller Achtsamkeit und Bewusstheit, Entspannung und Einfachheit, Ruhe und Stille – und die Liebe käme hinzu, wären wir dem Ziel schon sehr nahe.

Daraus ergäbe sich auch die **Absichtslosigkeit** wie von selbst, welche indische Gurus und japanische Roshis immer von Anfang an einfordern und so selten von westlichen Schülern bekommen können. Und wir bekommen das große Geschenk der Meditation, erfahren Einheit und erleben, wie wir mit allem verbunden und in allem sind und alles auch in und mit uns ist.

Schreib-Meditation

Für mich ist das Schreiben, das ich so oft und gern tue, zu solch einer **Achtsamkeits-Meditation** geworden, die ich inzwischen sogar im Auto genieße, wenn ich hinten im VW-Bus sitzend zwischen Kisten voller Bücher von meinem Assistenten durch die Lande kutschiert werde, um abends Vorträge zu halten. Schreiben hat mir immer Freude gemacht, weshalb ich schon als Kind Tiergeschichten ersonnen habe. Die einzige Leserin war meine Mutter, aber ich zielte gar nicht auf Publikum, sondern schrieb einfach gern meine eigenen Geschichtsversionen auf vom wundervollen schwarzen Hengst Fury, von dem Schäferhund Rin Tin Tin, von Flipper, dem klugen Delfin, oder ich notierte eigene Fantasien, meist mit Tieren, die mich gerade inspirierten.

Vielleicht lag es auch daran, dass wir bei uns zu Hause sehr lange – aus pädagogischen Gründen – gar keinen Fernseher hatten und ich nur zufällig einzelne Episoden der Fernsehauftritte von diesen Tieren mitbekam, um mir anschließend eigene Varianten davon zusammenzufantasieren.

Ich schrieb die Geschichten einfach immer weiter, weil es mir Freude machte. So verpackte ich etwa meinen unerfüllten Traum von einem Hund und mein Staunen über die Erwachsenenwelt in **Putschis erträumte Wirklichkeit,** meine erste gedruckte Tiergeschichte, die immerhin einige Leser fand, wenn auch nicht wirklich viele. Bei meiner spirituellen Elemente-Geschichte **Habakuck und Hibbelig** waren es schon viel mehr und es steigerte die Freude noch, damit auch anderen Freude zu bereiten.

Mein persönliches Flow-Erlebnis

Als ich mit **Bewusst fasten** anfing, Sachbücher zu schreiben wie dieses hier, wollte man mir immer wieder einreden, das sei Arbeit, sogar harte, aber ich konnte das nie so nachempfinden, weil das Schreiben einfach floss und Freude machte. Früher schrieb ich langsamer und ich konnte mir so die Freude daran bewahren, auch als es mir dann später viel rascher von der Hand ging.

Inzwischen ist mein Schreiben ein anmachender Tanz meiner Fingerspitzen über die Tasten des Keyboards meines Laptops. Manchmal dachte ich schon, es sei ähnlich wie bei einem Pianisten, aber zum Glück muss ich ja nicht vom Blatt spielen, sondern kann meinen Gedanken freien Lauf lassen, aber es sollte dennoch auch gut klingen. Der Computer lässt mich immer noch staunen, einerseits wohl, weil ich sein wundervolles Funktionieren nicht wirklich verstehe, andererseits, weil wir so ein gutes Team geworden sind, was man auch daran sieht, dass wir beide kaum krank werden und uns – jedenfalls bisher – keine Viren aus der Bahn geworfen haben.

Freude ist Meditation

Insofern wechselte ich wohl auch nicht zufällig von der hinduistischen Mantren-Meditation zur buddhistischen Zen-Variante und der Möglichkeit, alles und jedenfalls mein Schreiben als Meditation zu sehen und zu erfahren.

„Wenn es Freude macht, ist es keine Arbeit", meinte der Modedesigner Karl Lagerfeld und hat mir damit mein Arbeitsleben genommen. Danke! So verstanden, habe ich in meinem regen Leben noch kaum gearbeitet, aber schon viel meditiert.

Meditieren kann so einfach sein und ich habe wirklich Lust, mit diesen Gedanken ein „Feld ansteckender Meditationslust" zu verbreiten. Warum also nicht aus dem, was am meisten Freude macht bei der Arbeit oder aktuellen Beschäftigung, eine Meditation machen – einfach durch den Einfluss von Bewusstheit und Achtsamkeit?

Es ist so einfach, beide in fast jedes Tun einfließen zu lassen. Die Freude am Spielen habe ich auf dem Keyboard meines Laptops wiederentdeckt und so ist aus diesem Tun **eine spielerische Meditation** geworden, die Bücher und Artikel hervorbringt. Inzwischen beantworte ich sogar die unzähligen Mails gern – am liebsten in Ruhe und ungestört. Wie es dazu kam, beschreibe ich in **Die Hollywood-Therapie – Was Filme über uns verraten** anhand des wie für mich gedrehten Films **Ein Brief für Dich** von Christian Vuissa.

Meditation des Lächelns

Wir alle können lächeln, das ist keine Frage, nur die meisten von uns tun es (zu?) selten und üben sich (zu?) wenig darin. Dabei wäre es, wie schon bei den geführten Meditationen erwähnt, so einfach wie wirksam und mit so vielen anderen Lebenssituationen angenehm zu verbinden. Es schafft **grundsätzliche Offenheit.** Aber es hat natürlich auch seinen Schatten, wenn es etwa missbraucht wird, um anstehende Probleme oder Herausforderungen wegzulächeln oder unter einer süßlichen Decke aus aufgesetzter Schönfärberei zu verstecken.

»Dumme grinsen,
Narren lachen,
aber Weise lächeln.«

ANGELUS SILESIUS

Wer sich aber das **selige Lächeln der Erleuchteten** zum Vorbild nimmt und das Lächeln als Form begreift, die er genauso nutzen kann wie einen Meditationssitz, um über das Eintauchen in die perfekte Form den Inhalt nachzuziehen, ist auf gutem Weg. Die besondere Mimik des Lächelns, die Herzen öffnet und gewinnt, ist feiner **Ausdruck von Lebensweisheit.** Sie bringt noch mehr Glück ins Leben als ein herzhaftes Lachen, wobei auch dieses inzwischen schon als gesund erkannt ist, was Methoden wie Lach-Yoga zeigen. Einfach möglichst oft herzhaft und aus vollem Herzen zu lachen, erleichtert einiges. Denn wer herzhaft lacht, ist ganz präsent in der Gegenwart. Ähnlich wie das Leben bunter und lauter beginnt, wenn wir an ein Kinderzimmer denken, und mit wachsender Lebenserfahrung stiller und abgeklärter wird, verhält es sich mit der Entwicklung vom Lachen zum stillen Lächeln.

Es ist unser mimischer Ausdruck von **Abgeklärtheit.** Dieses Lächeln ist es, das sich – im Idealfall – am Ende einer Entwicklung ergibt, wenn wir gelernt haben, über den Dingen zu stehen, wenn das Wesentliche „vollbracht" ist. Wer die Polarität der Welt erfahren hat, das Licht und das Leid gesehen und durchlebt hat, kann still und von innen heraus über Lila, das kosmische Spiel, wie Inder das Leben nennen, und vor allem seine eigene Rolle darin lächeln.

Das bewusste Lächeln

Wenn wir, dessen eingedenk, ein Lächeln bewusst aufsetzen, wird es nicht aufgesetzt wirken, sofern es von innen kommt. Und es kann so viel (Lebens-) Mut machen, besonders wo es jenes Mitgefühl ausstrahlt, das Buddhisten im Hinblick auf alle fühlenden Wesen so wichtig ist, ein Lächeln, das um das Leid des Anhaftens weiß.

Ein ehrliches Lächeln kann sogar „entwaffnend" wirken, da es um die Verheißung von Lösung weiß und so **Vertrauen vermitteln und Entspannung schenken kann** – anderen und wunderbarerweise auch uns selbst. Es wirkt also gleichermaßen nach innen wie außen – und kann so aus vielen Situationen den Stress nehmen und die Stimmung heben. Ein offenes Lächeln ist wie eine offene Hand im Gegensatz zur geballten Faust.

Die Imagination des Lächelns in seiner einzigartigen persönlichen Art ist nicht nur genialer Ausfluss der jahrtausendealten Kultur des Taoismus, sondern auch die sanfteste und dabei doch wirkungsvollste „Geste", derer wir fähig sind. Sie ist als Synergie schaffende Meditation mit anderen Formen der

ABSICHTSLOS LÄCHELN

In der traditionellen taoistischen Heilkunde wurde die Qualität dieses absichtslosen Lächelns medizinisch genutzt und seit uralten Zeiten **zur Heilung in erkrankte Organe geschickt,** indem der Patient diesen zulächelt. Das wirkt einerseits Hoffnung schenkend, Vertrauen einflößend und Mut machend. Andererseits ist von der relativ neuen Wissenschaft der **Psychoneuroimmunologie** inzwischen bewiesen, dass es mit der Aufmerksamkeit auch den Blutstrom lenkt, und wo Durchblutung ist, kann auch Heilung geschehen. Obendrein liegen um Augen und Mund, den beiden Hauptorganen des Lächelns, wichtige **Akupunkturpunkte** auf zentralen inneren Leitbahnen, den Meridianen, die sich bei entspanntem Lächeln öffnen und den **Energie(durch)fluss fördern,** im Gegensatz zu angespannter Mimik, die all das blockiert.

Mittefindung zu verbinden und eine wundervolle Chance von der geführten Meditation bis zu Tai-Chi und Yoga und sogar Sport.

Spaziergangs-Meditation

Diese Art von Gehmeditation erscheint so einfach und doch gibt es kaum eine Möglichkeit, leichter und wirksamer etwas für die Gesundheit zu tun als in einem **bewussten Schritt-Atem-Rhythmus** spazieren zu gehen. Durch die achtsame Verbindung von Atemrhythmus und Schrittzahl fließt Bewusstheit in den Spaziergang und macht aus dieser Bewegung eine wahre Schatzgrube in seelischer und geistiger Hinsicht und der Körper kommt je nach Geschwindigkeit und Steigung manchmal auch noch auf seine Kosten.

Es geht also darum, einfach nur zu gehen, mit der Betonung auf „nur", also gar nichts anderes nebenbei zu machen oder auch nur zu denken. Je natürlicher, normaler und selbstverständlicher es wird, den Atem während des Gehens weiter zu spüren, desto mehr kann man sich mit der Zeit vom Mitzählen der

Schritte lösen und ganz einfach im natürlichen Atemfluss gehen. Die konzentrierte Koordination von Atem und Schritten hat tatsächlich nur die Aufgabe, den Geist am Abschweifen zu hindern.

Meditation bedeutet hier: **Alles, was wir tun, ganz zu tun,** mit achtsamer und konzentrierter Wahrnehmung auf allem, was dabei geschieht, ohne in Gedanken abzuschweifen, ohne Energie durch Zerstreutheit zu verlieren. Sie sollte einzig konzentriert ins Gehen fließen. Die folgende Geschichte verdeutlicht auch den kleinen, aber so wesentlichen Unterschied zwischen Meditation und unbewusstem Alltagsleben.

DER WEG ZUR WEISHEIT

Der alte Zen-Patriarch wird von Zen-Touristen gefragt, wie man so weise und erleuchtet werden könne.

Er antwortet: »Wenn ich sitze, sitze ich, wenn ich aufstehe, stehe ich auf, wenn ich gehe, gehe ich«.

»Das kann es nicht sein, denn das tun wir doch auch«, antworten die Zen-Touristen.

»Im Gegenteil«, sagt der Meister, »wenn ihr sitzt, denkt ihr schon ans Aufstehen, wenn ihr aufsteht, schon ans Gehen, wenn ihr geht, schon ans Essen. Ihr seid nie wirklich da, wo ihr seid.«

Meditatives Bergwandern und -steigen

Dieselbe Methode des Atembeobachtens hat sich auch beim Bergwandern bewährt. **Zen in der Kunst des Bergwanderns** lässt uns überraschend frisch und ausgeruht den Gipfel erreichen. Wer beim Aufstieg „mit dem Atem geht" ist ungleich bewusster und wacher unterwegs. Wie beim Mountainbiken gilt es, bei steilerem Gelände rechtzeitig herunterzuschalten, und wenn es richtig steil wird, möglicherweise nur noch einen Schritt pro Atemzug und alles deutlich langsamer und den Schritt kleiner zu machen. Wir gehen dann sozusagen im kleinsten „Gang", während in moderatem Gelände auch mehrere Schritte in einen Atemzug passen.

Das ist gerade auch eine gute Übung für Bergsteiger männlichen Geschlechts, die ihrem Atem nicht selten „davonlaufen", das heißt, zu schnell gehen und in eine Sauerstoffschuld kommen. Wer aber mehr Sauerstoff verbraucht, als er einatmen kann, tut seinem Organismus keinen guten und

 WACHHEIT IN DER WAND
Bei richtigem Klettern im steilen Gelände – vielleicht in einem Klettersteig – sind Konzentration und Achtsamkeit das kleinere Problem, weil Träumen hier zu gefährlich ist. Wach und bewusst zu sein, ist jetzt selbstverständlich. Das macht das Klettern auch so faszinierend und meditativ. Die Kombination von Kopfarbeit, sicherem Tritt und Stand und dann erst Armkraft führt in eine Art **sehr wache, aufmerksame Trance,** die durchaus etwas von Meditation hat. Jedenfalls liegt hier wohl der Grund, warum viele Bergsteiger durchaus spirituelle Erfahrungen machen. Die Steilheit und Gefährlichkeit der Wand hält automatisch die Aufmerksamkeit wach und die Bewusstheit hoch. Wo ein Fehltritt der letzte sein könnte, ist Wachheit eine Art wirklich funktionierende Lebensversicherung. Insofern ist mir keine Methode bekannt, die so sicher zu fast absoluter Bewusstheit führt.

schon gar keinen gesunden Dienst. Wer dagegen bewusst im Sauerstoffgleichgewicht unterwegs ist, hilft dem Organismus zu regenerieren und kann
nicht nur Sauerstoff aufnehmen, sondern auch Prana, **Lebensenergie,** in sich
anreichern, was sich in einem aufgekratzten Gefühl zeigen kann.

Meditation im Verkehrsstau

Wenn wir im Stau im Auto sitzen, haben wir wie so oft im Leben die Option,
uns für ein bestimmtes Verhalten zu entscheiden: Wir haben die Möglichkeit,
uns aufzuregen und zu ärgern oder ruhig bei uns bleibend eine Meditation zu
erleben. Auf der Straße komme ich im ersten Fall keinesfalls schneller voran.
Da bietet sich die **Lächel-Meditation** geradezu an, zumal ich über das alte Ich,
das sich früher bei solchen Gelegenheiten gern aufgeregt hat, mit Gewinn
schmunzeln könnte, was sich bequem in mein inneres Lächeln umwandeln
ließe. Wenig ist gesünder, als mit etwas Abstand über sich selbst zu lächeln.

Wenn das innere Lächeln nach außen durchschlägt, entspannen sich auch
die wichtigen Meridianpunkte im Gesicht um Augen und Mund (siehe auch
Kasten auf Seite 77). Obendrein kann man das Bewusstsein zum Atem lenken
und das sanfte Auf und Ab von Brust und Bauchdecke bewusst erleben. Die
Atemzüge ließen sich wie beim Zazen zählen, um so die Konzentration leichter und ganz bewusst beim Atem zu halten.

Bei den heutigen häufigen Verkehrsstaus lässt sich damit eine ganz schöne Meditationspraxis erreichen und die Zeit ist ziemlich optimal genutzt. Hier
dreht sich nun einiges um, plötzlich stellt es sich vielleicht sogar als besser
heraus, je länger der Stau dauert. Das Im-Verkehr-Stehen-Alibi ist perfekt, die
Firma wird das verstehen und Selbstständige müssen es wie immer selbst
verstehen und für sich verantworten. Tatsächlich ließe sich jede stockende
Ansammlung von Fahrzeugen auch als Aufforderung verstehen, es im äußeren Leben langsamer angehen zu lassen und sich mehr dem inneren Leben
zuzuwenden, woran der Stau einen ja keineswegs hindert.

So könnten derlei Situationen zur großen Chance für Großstädter werden,
aber auch für alle, die sich tagtäglich dem Wahnsinn auf unseren Autobahnen
aussetzen. Weniger bewusste Zeitgenossen nehmen an solchen Alltagsübungen „gern" Anstoß, weil diese sie an ihre eigene Unbewusstheit erinnern. Das
erleben etwa auch schlankere Menschen, wenn dickere Zeitgenossen während

ihrer selbst gewählten Fastenzeit die Nerven verlieren, oder auch ernährungs-
bewusste Peace-Food-Esser, wenn unbewusste Fleischtiger sich an ihnen die
Zähne wetzen. All das braucht uns nicht aus der Ruhe zu bringen, sondern
darf als **Trainingsangebot des Schicksals** verstanden werden, unsere Disziplin
und Konzentration auf die eigene Mitte zu testen. Wir haben auch hier die
Wahl und können uns von äußerlichen Irritationen in unserer Achtsamkeit hindern oder bestärken lassen.

 KURZMEDITATION AN DER ROTEN AMPEL

1 Nutze die Wartezeit, wenn die Ampel auf Rot schal-
  tet, für eine aktive Pause.
2 Richte dich auf und setze dich gerade hin. Lasse
  das Lenkrad los und lege deine Hände auf die
  Oberschenkel.
3 Nun lasse den Kopf langsam nach vorne sinken, bis
  du eine leichte Dehnung im Nacken und oberen
  Rücken spürst. Atme ein- oder zweimal tief ein und
  wieder aus.
4 Richte den Kopf wieder auf und umfasse das Lenkrad. Weiter geht's.

Handy-Meditation

So können wir auch gleich das Handy von seiner Funktion als Nervensäge
befreien und zur Tempelglocke befördern. Moderne Menschen sind beispielsweise fast ständig von ihren Smartphones genervt und haben auch hier die
Wahl, ihr Leben weiter ruinieren zu lassen oder dem vietnamesischen
Zen-Meister **Thich Nhat Hanh** folgend das Läuten des Telefons als das einer
Tempelglocke zu verstehen, die uns zu Bewusstheit und Achtsamkeit ruft.
Das lässt sich noch ausbauen, wenn man dieses plötzlich wertvolle Lauten
siebenmal geschehen lässt. Während dieser Zeit können wir uns sammeln
und zu uns kommen, uns die eigene Körperhaltung bewusst machen und
uns, Kontakt zum Boden aufnehmend, erden, den Körper entspannen, das

Lächeln entfalten oder erneuern, etwaige Stirnfalten auflösen und die zugehörige Verbissenheit entlassen, den Raum auf unserer Stirn ums dritte Auge zwischen Augenbrauen und Haaransatz frei und weit werden lassen wie den wolkenlosen Himmel, um in einem Zen-Bild zu bleiben.

Das Ziel: ein handyfreies Leben

Jetzt haben ungeduldige und hektische Zeitgenossen schon aufgegeben, was sowieso besser ist, denn sie tun sich und uns sowieso nicht gut. Die halbwegs Geduldigen haben inzwischen gemerkt, dass ich nicht jederzeit störbar bin und **ein vom Telefongebimmel unabhängiges Leben** habe und bewahren möchte. Ruhig atmend und die Achtsamkeit im Körper aufrechterhaltend, kann ich dann rangehen, ohne mich vom Eindringling in meinem meditativen oder kontemplativen Leben gleich drankriegen zu lassen.

Wir können es kurz machen, denn Handys sind für unser Gehirn eine gefährliche Zumutung und nicht nur für dieses. So braucht ein Wissenschaftler nach jeder Störung circa eine halbe Stunde, um wieder an den gedanklichen Punkt vor dem Intermezzo zurückzufinden. Das hat eine wissenschaftliche Untersuchung ergeben. Beim Microsoft-Konzern wurde errechnet, dass Mitarbeiter 30 Prozent ihrer bezahlten Zeit durch Störungen verlieren.

Diese Meditation kann nur als eine Übergangslösung gelten in ein handyfreies Leben. Letzteres ist hinsichtlich unserer Gesunderhaltung absolut empfehlenswert. Aber natürlich müssen wir uns immer da abholen, wo wir stehen, und die meisten von uns haben noch ein Handy in Betrieb oder glauben vor allem, es zu brauchen.

Tai-Chi in der Straßen- oder U-Bahn

Hier lassen sich zwei wundervolle Alltagsübungen kombinieren. Die fast in Vergessenheit geratene Sitte, für Ältere oder Schwächere aufzustehen, hat ihren Charme vollkommen bewahrt. Sie wird beim Gegenüber ein Lächeln der Dankbarkeit auslösen, das auf unseres der Freundlichkeit trifft. Anschließend schenkt die Geste uns eine sehr schöne **Gleichgewichts-Meditation,** die Körperbewusstheit und Achtsamkeit anregt. Die Meister der Kampfkunst verwurzeln sich oft im Boden, um sicheren Stands den Angriff des Gegners zu erwarten. Jedem, der mit öffentlichen Verkehrsmitteln unterwegs ist, eröffnet sich hier eine gute Möglichkeit, seinen Gleichgewichtssinn und die Standfestigkeit auf meditative Art zu trainieren, am besten an einem Platz, wo freies Stehen, ohne anlehnen oder festhalten, möglich ist. Der Rest ist einfach:

- **Die Beine in schulterbreit geöffnete Stellung bringen.** Das eine Bein ist leicht nach hinten versetzt, zwei Drittel des Körpergewichts ruhen darauf.

- **Nun verwurzeln mit der Vorstellung,** mit den Füßen fest im Boden verankert zu sein, während die Bewusstheit im Hara oder unteren Dantien liegt, ein paar Fingerbreit unter dem Bauchnabel.

- **In wacher Achtsamkeit die kleinen Wellen des Atems,** die über die Brust und Bauchdecke laufen, wahrnehmen und versuchen, das Geruckel während der Fahrt auszugleichen. Beim Anfahren, Bremsen und in Kurven steigt die Herausforderung an das Gleichgewichtsorgan.

Das Ganze ließe sich als kostenloser Tai-Chi-Unterricht begreifen, wobei der Gegner, der einen aus dem Gleichgewicht zu bringen versucht, in den Fahrbewegungen der Bahn zu sehen ist. Wer das einige Zeit übt, wird viel Dankbarkeit und Lächeln für seine Höflichkeit ernten, seinen Stand zu einem sicheren machen, immer stärker ins Gleichgewicht kommen, als er sich das bisher vielleicht vorstellen konnte, und obendrein seine Reisezeit optimal nutzen.

Auf rutschigem Parkett

Gerade solch „erschwerte Bedingungen" können zu einem sehr guten Training werden, das mit der Zeit zu einem besseren Stehvermögen und darüber mitunter sogar zu einer **besseren Stellung im Leben** führt. Diese Parallelen zwischen einem meditativen Ritual und dem übrigen Leben mögen anfangs ganz unwahrscheinlich wirken, mit der Zeit aber einen **praktischen Zugang zum Resonanzgesetz** vermitteln.

Auch sich mit Achtsamkeit und imaginierten Saugnäpfen an den Füßen im Winter aufs konkrete Glatteis zu wagen, lässt sich zu einer meditativen Übung ausbauen, die einem auch auf gesellschaftlichem Parkett mit Rutschgefahr hilfreich sein kann. Am meisten Spaß macht eine solche Herausforderung übrigens am Bug eines Motorboots bei kabbeligem Wasser.

DER FISCHER UND SEIN FANG

Ein Fischer kam mit reichem Fang in seinem kleinen Boot zurück und legte sich in die Sonne an den Strand.

»So ein guter Fang«, sagte ein amerikanischer Tourist, »warum fahren Sie nicht nochmals hinaus und fangen noch mal so viele Fische?«

»Wozu sollte das gut sein?«, entgegnete der Fischer.

»Dann könnten Sie bald ein größeres Boot kaufen und noch viel mehr Fische fangen«, antwortete der Amerikaner.

»Wozu sollte das gut sein?«

»Dann könnten Sie bald noch ein zweites Boot kaufen.«

»Wozu sollte das gut sein?«

»Dann haben Sie noch viel mehr Fische und bald eine ganze Flotte von Schiffen.«

»Wozu sollte das gut sein?«

»Dann könnten Sie bald eine eigene Fischfabrik bauen.«

»Wozu sollte das gut sein?«

»Dann bräuchten Sie nicht mehr zu arbeiten, könnten den ganzen Tag in der Sonne liegen und mit Ihren Kindern spielen.«

Der Fischer: »Das kann ich so auch, auf Wiedersehen, ich gehe jetzt mit meinen Kindern spielen.«

Wer unter solch erschwerten Bedingungen sicher stehen kann, steht auch im übertragenen Sinn leichter und besser seinen Mann oder seine Frau. Wer unter solchen Rahmenbedingungen sogar noch sicher gehen kann, bei dem geht etwas (voran). Wer problemlos läuft, bei dem läuft etwas, und wer sogar noch rennen könnte, bei dem rennt es.

Radfahr-Meditation

Hier handelt es sich auch um eine **Mandala-Meditation,** nur rollen wir hier auf zwei Mandalas und drehen viele weitere über die Zahnkränze der Gangschaltung. Wir sollten uns dabei darauf konzentrieren, wirklich rund in die Pedale zu treten und – wie bei der Bergwander-Meditation – einen Rhythmus zu wählen, der gut zu unserem Atem passt und uns im Sauerstoffgleichwicht hält. Wie groß das Rad ist, das wir in Gestalt des jeweiligen Zahnkranzes drehen, ist natürlich individuell verschieden, aber wenn wir weit kommen wollen, sollten wir sehr bewusst ein kleineres wählen, um uns beim kreisenden Treten leichter zu tun und die Radfahr-Meditation leichtfüßig und entspannt genießen zu können.

Wir entscheiden also immer, wie groß das Rad sein soll, das wir drehen wollen, und sollten uns dabei nicht überschätzen, sonst werden wir rasch müde und erschöpfen unsere Lebensenergie mit wenig(er) wichtigen Dingen. Letztlich geht es bei der Radfahr-Meditation nicht darum, möglichst schnell möglichst weit zu kommen und einfach nur stereotyp nach unten zu treten, sondern **einen exakten Kreis harmonisch zu vollführen,** wo jeder der 360 Grade des Kreises gleich wichtig ist. Bei Sporträdern, bei denen der Schuh am Pedal fixiert ist, geht das natürlich noch leichter und runder.

Wer längere Zeit quasi ungestört und ehrgeizfrei vor sich hingefahren ist und dieses bewusste Gewahrsein meditativ geübt hat, kann sich auf herausfordernde Strecken wagen. Wer diese Meditationsform für seinen täglichen Weg zur Arbeit in Bewusstheit wählt, gibt seiner Tagesbeschäftigung einen Rahmen im besten Sinn. Er kann sich gleichsam nebenbei wach und fit halten und sich dabei noch des Lebens freuen.

Allerdings, je alltäglicher die Übungsform, desto größer die Gefahr, in achtlose Routine zu verfallen. Bewusste Achtsamkeit und achtlose Routine sind Gegenpole, auf die immer zu achten ist. Meditation ist nur in ersterer Haltung und mit entsprechender Einstellung möglich. Jede Routinehandlung lässt sich aber andererseits auch wieder in ein bewusstes Ritual zurückverwandeln.

Arbeits-Meditationen

Achtsamkeit ist auch der entscheidende Schlüssel zu jeder Form von Arbeits-Meditation, wie sie in vielen Klöstern und Meditationszentren angeboten wird. Natürlich ist sie auch eine Hilfe für diese Einrichtungen, aber gleichermaßen für die Meditationsschüler oder sogar noch mehr für sie. Spirituelle Durchbrüche wie ein Satori in der Zen-Sprache kommen während der Arbeits-Meditation sogar eher häufiger vor als in den streng als Meditation im spirituellen Sinn definierten Übungsphasen. Der Grund dürfte darin liegen, dass die Erwartungshaltung an „Meditations-Erfolge" in der Arbeits-Meditation ungleich geringer ist und so wie von selbst eine gewisse Absichtslosigkeit ins Spiel kommt. Möglicherweise werden Arbeits-Meditationen auch nicht so ernst genommen wie die eigentliche Meditation und darin liegt auch die **Chance des Spielerischen.** Denn der heilige Ernst ist meist eher Hindernis und wird in Zen-Kreisen etwas verächtlich als „nach Erleuchtung stinken" abgetan.

Aus der Fülle des tätigen Lebens schöpfen

Arbeits-Meditationen gibt es wohl, seit es Meditationsstätten gibt wie Ashrams oder Klöster. Und es existieren so viele Arten von ihr, wie es Tätigkeiten gibt. Verständlicherweise bevorzugen wir sogenannte schöne Arbeiten wie etwa Gartenarbeit gegenüber Küchen- und Hausarbeiten oder gar Bürotätigkeiten. Doch bei jeder beliebigen Tätigkeit lässt sich die Bewusstheit für den Atem aufrechthalten.

 ZUM WEITERLESEN
In Michael Endes zauberhaftem Roman **Momo** ist Beppo Straßenkehrer ein wundervoller Zen-Meister, der in einfachen Worten seine Lösung für die längsten Straßen erklärt: immer nur den nächsten Meter fegen – **immer wieder und in jedem Moment.**

Nachdem Eugen Herrigel **Zen in der Kunst des Bogenschießens** veröffentlicht hatte, brachte Robert M. Pirsig **Zen und die Kunst, ein Motorrad zu warten** heraus. Mit dem Erfolg beider Bücher war ein Bann gebrochen und eine ganze Flut von Büchern nach dem Motto „Zen in der Kunst von allem Möglichen" brach sich Bahn. Bedenken wir, dass der Begriff „Zen" mit Meditation übersetzt werden kann, läuft das auf **„Meditation in der Kunst von (fast) allem"** hinaus. Tatsächlich gibt es ja auch in der japanischen Tradition eine Vielzahl von Zen-Wegen wie Ikebana, Kalligrafie oder die Teezeremonie.

Letztlich kann unser ganzes Leben zur Meditation werden, wenn wir es bewusst zur Kunst machen, das heißt, **Natur und Kultur vereinen,** indem wir in natürliche Abläufe Bewusstheit und Achtsamkeit bringen, sie als Ritual gestalten und mit Achtsamkeit ausstatten. Wo das Leben zum bewussten Ritual wird, ist alles Meditation. Und Arbeits-Meditation macht jede Arbeit zum Ritual.

Zu Beginn der Meditationspraxis eignen sich besonders einfache, fast **monotone Arbeits- und Bewegungsabläufe** am besten. Bei ihnen ist die Gefahr, von der Tätigkeit gedanklich abgelenkt oder absorbiert zu werden, am geringsten. Im Zen-Kloster ist etwa Putzen eine sehr beliebte Arbeitsmeditation, manchmal sogar auf den Knien und auf blitzblankem Boden. Dabei und ausgestattet mit geradezu archaischen Putzutensilien wird dann um fünf Uhr morgens selbst westlichen Zen-Schülern deutlich, dass es hierbei weniger um die Reinigung als um das Ritual geht.

»Zen beginnt mit dem Bodenputzen
und Zen endet mit dem Bodenputzen.
Und das Wichtigste dabei:
Du musst ihn selbst putzen.«

TEITARO SUZUKI

Beim Fegen etwa kommt noch hilfreich der Rhythmus der Bewegung hinzu wie etwa auch beim Hin- und Herschieben des Bügeleisens. Wer ganz in dieser kleinen Bewegung aufgeht und sie dabei so fließend werden lässt wie den Atemrhythmus beim Tai-Chi, kann bei solch einfachsten Bewegungsmustern in tiefe Entspannung und sogar Trance gleiten. Malerarbeiten mit der ähnlich auf- und abführenden Handbewegung können hier ebenso günstig wirken.

Die **wiederkehrende Übung in ihrer Monotonie** führt ständig aus der Mitte in die Mitte und wieder in die Extreme. Sie ist sozusagen die praktische Übung des christlichen „Sei heiß oder kalt, die Lauwarmen will ich ausspeien". Den ganz präsenten, aber zugleich entspannten Geist führt sie über die Extreme in die Mitte.

Ähnliches gilt für jede andere Handarbeit von künstlerischen oder kunsthandwerklichen bis zu gemeinhin als stumpfsinnig entwerteten Arbeiten wie Fließband- oder Akkordarbeit. Gerade solche sehr einfachen Verrichtungen bieten in ihrer Einfachheit die besten Zugänge zur Aufrechterhaltung der Achtsamkeit und könnten somit zur großen Chance werden.

Hier wird das wichtigste der Schicksalsgesetze, das der Polarität, sehr deutlich. Alles hängt nämlich bei solchen Tätigkeiten von der sie **begleitenden Geisteshaltung und dem entsprechenden Blickwinkel** ab: Wer davon ausgeht, Akkord sei Mord, kann sich damit offenbar auch umbringen. Wer andererseits darin eine Chance erkennt, in der geradezu stumpfsinnig einfachen Handlung ganz aufzugehen, mag darin aber auch Befreiung und Erlösung finden. Arbeits-Meditation ist das Gegenteil von Geschirrspülen bei mitreißender Musik, denn diese soll ja die Gedanken von der Tätigkeit weg- und ablenken. Geschirrspül-Meditation würde bedeuten, sich ganz aufs Abspülen einzulassen, im jeweiligen Moment ganz dabei zu sein und in jeder Bewegung dieser simplen Tätigkeit aufzugehen.

Traditionelle Zen-Künste

Sehr schöne Anregungen zu (Arbeits-)Meditationen liegen in den Zen-Wegen oder -künsten wie in Ikebana, dem rituellen Blumenstecken. Blumengestecke, um Freude und Schönheit zu verbreiten und diese sehr bewusst und in Form eines Rituals zusammenzustellen, kann sich zu einer faszinierenden Kunst entwickeln, die nicht nur das Gesteck, sondern auch den es zaubernden Geist zu einem Kunstwerk macht. Mit den Geschenken der Natur, den Blüten und der Kunst als Ausdruck der Kultur verbinden wir sozusagen rituell die erste und die zweite Lebenshälfte, jedenfalls im Sinne C. G. Jungs, der aufgabenmäßig die erste Lebensphase der Natur und die zweite der Kultur zuordnet.

Auch im bewussten Zubereiten des Tees und seinem bewussten Trinken liegt solch eine Chance. Dazu müssen wir gar nicht die gut 40 streng rituell festgelegten Handlungsabläufe der klassischen Teezeremonie (Cha-Do) ausführen, sondern können unser persönliches und deutlich vereinfachtes Ritual entwickeln. Mit der Zeit wird es ebenso wie die klassische Form des Cha-Do seine den Geist beruhigende und zentrierende Wirkung entfalten.

DIE ETWAS ANDERE TEEZEREMONIE

Die passende Zen-Geschichte dazu:

Ein zu Ehren gelangter bekannter Universitätsprofessor besucht einen Zen-Meister mit der Bitte, ihn Zen zu lehren.

»Lassen Sie uns erst mal eine Tasse Tee trinken«, entgegnet der Meister.

Widerwillig willigt der Professor ein und lässt das langwierige Ritual über sich ergehen. Dann schenkt der Meister ihm ein und hört nicht auf damit, als die Tasse schon lange überläuft. Der Professor ruft empört:

»Hören Sie doch auf, die Tasse ist ja schon längst voll!«

»Genau wie Ihr Geist«, entgegnet der Zen-Meister, »lassen Sie ihn erst einmal leer werden, damit ich Ihnen Zen einschenken kann.«

6 Atem-Meditation

Ohne Liebe können wir nicht gut, aber doch lange leben. Babys versterben ohne ihr Erleben, Erwachsene verkümmern „nur" in einem dann sinnlosen Leben. Ohne Essen können wir bewusst fastend sehr lange leben, ohne Wasser nur viel kürzer – ohne Atem nur wenige Minuten. Mehr ist zur Wichtigkeit des Atems eigentlich nicht zu sagen. Jede(r) kann es selbst ausprobieren: Die meisten von uns können ihn nicht einmal eine Minute anhalten.

Mythologisch ist uns der Atem von Gott gegeben. Er hat dem aus roter Erde, der Adama, geformten Adam seinen göttlichen Odem eingehaucht. Im Osten weiß der Mythos von drei Schicksalsgöttinnen, deren erste jedem von uns zu Beginn des Lebens seine Atemzüge zuzählt, deren zweite sie während des Lebens abzählt und deren dritte uns, wenn unsere Atemzüge verbraucht sind, zurückholt.

Kraftquelle und Schwester der Seele

Der Atem ist aber nicht nur die bedeutendste Energiequelle unseres Körpers, sondern auch mit der Seele eng verbunden. „Psyche" heißt griechisch „Windhauch" und meint unsere Seele. Im Atemwind spiegelt sich so viel Seelisches, wie uns die Arbeit mit dem verbundenen Atem gelehrt hat. „Maha-Atma" heißt in Sanskrit „großer Atem" und „große Seele". Mahatma Gandhi ist also sowohl die große Seele Gandhi als auch der große Atem Gandhi. Für Inder ist das nicht trennbar.

Inspiration bedeutet nicht nur wörtlich „Einatmung", sondern auch und vor allem „geistig". Ein inspirierter Mensch ist offensichtlich ein vor Geistesblitzen sprühender, der andere mitreißen und begeistern kann. Der Atem der Sieger ist ein langer, der sicher durchs Leben trägt. Es beginnt mit dem ersten Atemzug und endet mit dem letzten.

Anfangs atmet unsere Mutter für uns und lässt die Lebensenergie über die Nabelschnur zu uns fließen. Abgenabelt, bekommen wir mit dem Atem eine neue, lebenslange „Nabelschnur". Die Abnabelung nach der Entwicklung im Mutterleib erfolgt, wenn wir reif für die Geburt in die Welt der Gegensätze sind. Nach weiterer Entwicklung, wenn wir in dieser Welt reif geworden sind für die

„nächste Geburt nach drüben", endet der Atem, und der Körper kehrt in den Schoß von Mutter Erde zurück.

Hier in diesem Körper ist Atmen gleichbedeutend mit Leben. Die Qualität des Atems verrät unsere Lebensqualität und -stimmung. Der gehetzte Atem der Angst im Nacken, der stockende, wenn wir wie gelähmt sind, der in Wut und Erregung jagende, der in Leidenschaft sich intensivierende oder in entspanntem Glück sich vertiefende sind nur einige seiner Spielarten. Der Atem verrät viel über uns – wie er fließt auch unser Leben, rund und harmonisch oder gehetzt vom Zeitgeist und stockend. So ist natürlich auch der Umkehrschluss erlaubt. Der durch meditative Übungen entwickelte Atem führt zur dazu passenden Lebensqualität und -stimmung.

Er wird in vielen Meditationssystemen kultiviert und beobachtet, nur um ihn am Ende wieder ganz natürlich fließen zu lassen. Mit Übungen wie dem indischen **Pranayama** aus der Yoga-Tradition, der Atembeobachtung bei **Zazen** und **Vipassana** (siehe Seite 55 f. und 68) ist er wohl **die am weitesten verbreitete spirituelle Übung** oder das häufigste Mittel zur Meditation.

INFO DREI ARTEN ZU ATMEN
Grundsätzlich können wir diese Atemarten unterscheiden:

- Die **„Erweckung des Atems"** durch seine bewusste Koordination mit Bewegungen wie bei Tai-Chi und Qigong. Das kann den Atem aus eingeschliffenen Gewohnheitsmustern befreien.
- Die sogenannte **„Pflege des Atems"** durch seine Beobachtung wie bei Zazen und Vipassana sollte ihn nicht beeinflussen. Es ist nicht sinnvoll, gleich auf dieser Stufe mit dem Atem zu beginnen, denn wir neigen dazu, alles, was wir beobachten, auch unwillkürlich zu kontrollieren.
- Wer den Atem lange beobachtet hat, erlebt, wie er allmählich ganz von selbst fließt. Damit ist die dritte Stufe des **„meisterlichen Atems"** erreicht, der wieder in vollkommener Natürlichkeit fließt.

Verbundener Atem

Neben diesen drei klassischen Stufen der Atementwicklung gibt es sozusagen die Freestyle-Variante des verbundenen Atems. Sie ist mir persönlich zur beglückendsten und beruflich wichtigsten Atemerfahrung geworden, weil sie in einzigartiger Weise westlichen Menschen ermöglicht, sehr schnell tiefste Entspannungserfahrungen zu machen, ja, Erlebnisse von Einheitsnähe oder sogar Einheitserfahrungen schenkt. Der einzige Nachteil ist, dass wir dazu anfangs auf Begleitung angewiesen sind. Andererseits gibt es über das **Netzwerk Verbundener Atem** inzwischen überall im deutschsprachigen Raum ausgebildete Therapeuten in dieser wundervollen Atemmethode.

Therapeutische Wirkung

Sie hat den Vorteil, dass sie neben dem Aspekt der Meditation auch noch den der Psychotherapie mit ins Spiel (des Lebens) bringt. Insofern ist die Begleitung in den ersten Sitzungen auch gleichermaßen angemessen und hilfreich. Wer auf diese Art atmend dem Gros seiner Engpässe, Barrieren und (Lebens-) Hindernisse begegnet ist und dort hindurchgeatmet hat, der entwickelt ganz nebenbei den **langen Atem der Sieger.**

Die Technik ist sehr einfach. Durch das Verbinden von Aus- und Einatmen ohne Pause bekommen wir mit dem aktiven Einatmen viel mehr Luft, Sauerstoff oder Prana, Lebensenergie, in unser System. Wir überschwemmen sozusagen den Organismus mit Lebenskraft und diese bahnt sich den Weg durch den ganzen Körper, das im Osten hinlänglich bekannte System der Energiebahnen benutzend. In China nennt man sie Meridiane, in Indien Nadis. Sie sind aber ebenso in der tibetischen und nepalesischen Medizin bekannt. Auch mit diesem Energiekonzept gänzlich unvertraute westliche Menschen können das Fließen dieser Energie beim verbundenen Atem erleben und verblüffende Tiefen geradezu **ekstatischer Energieerfahrungen** machen und praktisch immer eine ungewohnt tiefe Entspannung gegen Ende der Sitzung erleben. Gerade für damit wenig vertraute Menschen ist diese Erfahrung oft überwältigend und lebensverändernd. Tatsächlich ist es **die wirksamste Meditationsübung**, die ich in gut 50 Jahren einschlägiger Suche erleben durfte. Der Überfluss der Lebensenergie bricht sich gleichsam in einem vielleicht seit Jahrzehnten kaum mehr benutzten System wieder Bahn und schafft freie

Wege. Hindernisse und Blockaden auf dieser Ebene können sogar in Form von Verkrampfungen schmerzen, lösen sich aber im wahrsten Sinne des Wortes in Wohlgefallen auf. Oft sogar mehr als Wohlgefallen, nämlich in ein mitreißend euphorisierendes ekstatisches Fließen und Strömen, das uns erleben lässt, wie wir wirklich gemeint sind. Wie bei Bewässerungskanälen, die seit Langem nicht mehr benutzt wurden und deren Gräben eingefallen und verschüttet waren und die jetzt neu frei gewaschen werden, schicken wir nun Prana-Wellen durch das körpereigene Energiesystem, die an die Barrieren branden und diese mit der Zeit und couragiertem Weiteratmen auf die Seite spülen.

Die Leichtigkeit des Schwebens

Aus der modernen Physik weiß man, dass die Materie unseres Körpers nicht einmal einen Fingerhut füllt und der übrige Rest aus reiner Energie besteht. Der verbundene Atem kann diese Tatsache erfahren lassen. Wer sich einmal als solch ein vibrierendes, frei schwingendes Energiewesen erlebt hat, wird nicht mehr die- oder derselbe sein. Er weiß von nun an, dass er, statt einen abgegrenzten und damit auch begrenzten Körper zu haben, eher ein grundsätzlich freies Energiefeld ist, zu dessen wahrer Natur die Leichtigkeit des Schwebens gehört. Und die Sehnsucht, seiner wahren Natur immer öfter immer näher zu kommen, wird ihm Wegweiser werden. Insofern ist diese Meditations-Methode, die auf dem Rhythmus unseres Lebens beruht, auch eine geradezu himmlische Ergänzung anderer Meditationsformen und kann immer wieder, etwa in die regelmäßige Mantren- oder Zen-Praxis eingestreut, zum Motor der **spirituellen Entwicklung** werden.

Vom Pathologieverständnis der Schulmedizin und ihrer Hyperventilationsdiagnose hat sich diese Technik mittlerweile enorm weiterentwickelt und wird am schönsten und wirksamsten in Gruppen durchgeführt, wo die Energie aller Teilnehmer(innen) in einem möglichst großen Energiefeld zusammenkommt. Spezielle Meditationsmusik – oder besser noch Livemusik –, die selbst viel Energie ins Spiel bringt, kann den Prozess wundervoll vertiefen und erweitern. In Erfahrungen mit annähernd 200 Teilnehmer(innen) durfte ich schon **Wunder der Energie und Heilung** miterleben und möchte diese Methode nicht mehr missen.

Im Atmen zur Wiedergeburt

Fast zeitgleich zum verbundenen Atem bei uns haben in den USA Leonard Orr und Janabai Harrison **Rebirthing** entwickelt, allerdings legten sie über Jahrzehnte Wert darauf, es nur in Einzelarbeit, nur durch den Mund atmend und ohne energetisierende Begleitmusik auszuführen. Die schon an sich unangenehme Mundatmung trocknet aber die Schleimhaut aus und das Ganze gestaltete sich relativ mühsam ohne die Energie der Musik und der Gruppe. Vor gar nicht langer Zeit haben allerdings auch die meisten Rebirther unsere Technik des verbundenen Atems übernommen und Leonard Orr nannte sogar sein letztes Buch **Verbundener Atem**.

Jahre später entwickelte Stan Grof, der tschechische, später in die USA ausgewanderte Psychiater, nachdem ihm sowohl LSD als auch MDMA als psychotrope Drogen verboten wurden, sein **Holotropes Atmen.** Dabei kommt die Technik des verbundenen Atems zum Einsatz, allerdings mit ganz anderem und weniger meditativem Ziel. Statt auf die Einheit zielt Holotropes Atmen auf transpersonale Erfahrungen, also auf vorgeburtliche oder andere Übergangszustände zwischen den Leben, in frühere Leben und so weiterführende Ebenen. Während wir anregen, alle Energie in den Atemprozess zu lenken und keine an Bewegungen oder Töne zu verschwenden, ist in Sitzungen des Holotropen Atmens oft gleichsam die Hölle los. Hier geht es schwerpunktmäßig um Psychotherapie, während das beim verbundenen Atem nur ein angenehmer Nebeneffekt ist. Tatsächlich ist – nach meiner Einschätzung – jede Einheitserfahrung jeder Psychotherapie unendlich überlegen. Selbst in der Schatten- oder Reinkarnationstherapie, die ich mit Abstand für die effektivste und wirksamste Psychotherapie halte, stellen wir alle therapeutischen Interventionen sofort ein, sobald ein Patient in eine Einheitserfahrung durchbricht – aus der Überzeugung, dass ihm nichts Besseres widerfahren kann.

INFO

VOLLKOMMENE BEFREIUNG
Die Zen-Tradition weiß, wenn sich ein einmaliger Sitz vollendet, verschwindet unendlich aufgehäuftes Leid. Auch der Schächer beziehungsweise Mörder neben Jesus am Kreuz erfährt in einem einzigen Moment Erfüllung und vollkommene Befreiung, als er an Christus glaubt. „Noch vor dem Abend wirst du mit mir beim Vater sein", also **in der Einheit ankommen,** verspricht Christus ihm.

7 Upekkha-Meditation

„Upekkha" bedeutet im buddhistischen Umfeld so viel wie Gleichmut oder Gleichgültigkeit in dem Sinne, dass alles **gleichgültig und wertvoll** ist und keinesfalls im Sinne von Mangel an Empathie. Man setzt sich gleich morgens still hin genau wie zu einer Zen- oder Mantren-Meditation und beobachtet statt des eigenen Atems die eigenen aus einem selbst aufsteigenden Emotionen und Gefühle. Sehr rasch wird man staunend erleben, was da so alles aus dem eigenen Innern, der eigenen Seelenbilderwelt und dem eigenen Herzen aufsteigt. Tatsächlich haben die meisten von uns entgegen der christlichen Ermahnung daraus meist doch eine Mördergrube gemacht.

Das Herz erleichtern

Bei dieser Meditation geht es darum, all diese Emotionen – nomen est omen – aufsteigen und so gleichsam herauszulassen. Es erleichtert nicht nur unser Herz, wenn all der Zorn, die Wut oder Traurigkeit sich Bahn brechen und wieder ins Bewusstsein aufsteigen. Es macht uns auch recht rasch deutlich, dass so vieles und tatsächlich das meiste an Emotionen aus unserem Herzen aufsteigt. Sie werden gar nicht von außen an uns herangetragen, wie es den meis-

ten erscheint, wenn sie achtlos in den neuen Tag hineinstürmen. Dann nämlich haben wir oft das Gefühl, diese Emotionen würden uns von außen
begegnen und zum Opfer der Umstände machen. Zu erfahren, wie wir selbst
die Quelle unserer Emotionen sind, ist insofern sehr heilsam und befreit uns
von der Unsitte des Projizierens, einem Hindernis auf dem spirituellen Weg.

Der Weg in die innere Ruhe

Diese Meditation ist deshalb mindestens über einen bestimmten Zeitraum
hinweg sehr empfehlenswert, um sich nicht länger zum Spielball eigener
Emotionen zu machen, ohne es überhaupt zu realisieren. Wer erlebt, wie eine
Flut an Emotionen aus ihm selbst herausströmt, die er bisher als Ausdruck
einer womöglich bösen Umwelt erlebt hat, macht nebenbei einen großen
Schritt in die Selbstverantwortung. Zugleich wird sich sein Herz entleeren und
sich von einer Mördergrube zu einem heilenden und schließlich heiligen Gral
oder Tempel entwickeln. Auch wenn man sich dabei zeitweilig von Emotionen
überschwemmt fühlt, eröffnet sich hier ein guter Weg zu mehr innerer Ruhe.

 **MIT DER HERZENS-MEDITATION VERBINDEN**

Die Upekkha-Meditation ergänzt sich insofern auch
gut mit der Herz(ens)-Meditation und lässt sich ideal
als deren Vorspann einsetzen. Zuerst entlassen und
entleeren wir die Emotionen aus unserem Herzen. Anschließend bewegen wir das Mantram des Herzens in
unserem **Herzens-Tempel**, der sich von Meditation zu
Meditation mehr entleert. Wie schon früher erwähnt,
sind solche Synergien oft empfehlenswert, weil das
Ganze stets mehr ist als die Summe seiner Teile.

8 Musik-Meditation

Wer nicht in Stille meditieren mag, kann sich eine geeignete musikalische Begleitung wählen. Dazu empfiehlt sich keine zu anspruchsvolle Musik, die dazu verleiten könnte, ganz in ihr aufzugehen. Im Gegenteil ist hier zu einer eher **minimalistischen Meditationsmusik** zu raten. Je einfacher solch ein Klangteppich ist und je unaufdringlicher er im Hintergrund bleibt, desto besser, denn so erleichtert er unser Zur-Ruhe-Kommen.

 TIPP

EINFACH ANHÖREN

Eine Musik wie **Klang der Stille** von Bruce Werber und Claudia Fried gehört hierher, bei der uns die Töne ausgewählter Klangschalen in sanfter Entspannung wiegen. Obendrein ist dieser **Klangteppich** ideal geeignet und mein absoluter Favorit als Hintergrundmusik für geführte Meditationen.

Heute gibt es eine große Auswahl ruhiger, für Meditationen besonders geeigneter Musik wie etwa **Music for Meditation** von Lex van Someren oder, etwas dynamischer, **Shamanic Dream II** von Anugama oder **Buddhist Chants and Peace-Music** (alle über www. heilkundeinstitut.at). Wundervolle Meditationsmusiken, um die beiden Gehirnhälften zu synchronisieren sind, die Neuromusiken von Karl Edy wie **Waves of Relief, Powerful Emotions** und **Zero Point Adventure.**

Beruhigende Klangteppiche

Als Meditationsmusik eignen sich vor allem einfache, ständig wiederkehrende Klangfolgen, die von den Komponisten eine weitgehende Zurücknahme ihres Ego verlangen, so wie sie diese Zurücknahme ja auch im anhörenden Meditierenden bewegen sollen. Einem Wiegenlied aus der Kindheit vergleichbar, mit dem die Mutter ihr Kind in den Schlaf singt und wiegt, will Meditationsmusik unsere Seele in die Entspannung begleiten. Dieser auf vielen Ebenen sinnvolle Effekt des sogenannten Einlullens fördert die Entspannung und damit auch die Meditation.

Der Einfluss von Melodien, Klängen, Tönen und Geräuschen auf unsere Befindlichkeit ist gar nicht zu unterschätzen. Begriffe wie „Stimmung" und „Stimmigkeit" unterstreichen den Zusammenhang zwischen akustischen Reizen und Gefühlswelt und speziell unserem Empfinden für das, was stimmt und damit für uns richtig ist. Am Tonfall der Stimme lässt sich die Stimmung deutlicher erkennen als am Inhalt der Worte.

Hinzu kommt, dass unser Gehör und unser Gleichgewicht ganz eng zusammengehören und vom gleichen Gehirnnerv, dem Statoacusticus, versorgt werden. Was wir hören, kann uns also sehr leicht ins Gleichgewicht und damit in Harmonie bringen oder auch aus beidem werfen. Wenn das Gehörte für uns stimmt, stimmen wir uns darauf ein, gehen in Resonanz und unsere Stimmung steigt, unser inneres Gleichgewicht bleibt gewahrt und wir können wundervoll in den Moment eintauchen, vom Hören zum Horchen wechseln und unserer inneren Stimme gehorchen – etwa bei einer geführten Meditation.

Musik, die auf den Weg bringt

Wenn alles stimmt und wir im Gleichgewicht bleiben, ist alles im Lot und wir können „aufrecht" und aufrichtig bleiben und also auch ehrlich – wenigstens zu uns selbst. Auch das ist ein wesentlicher Aspekt von Meditation, dass unsere ständige Schauspielerei und Selbstdarstellung aufhören und wir auf unser Selbst hören, horchen und ihm zunehmend gehorchen.

Niemand wird die enorme Wirkung verleugnen, die Musik auf die Gefühlswelt hat, denn kein Film kommt ohne entsprechende (Film-)Musik aus. Diese Tatsache macht sich natürlich auch die Musiktherapie zunutze. Und so lässt sich ganz leicht sehr bewusst machen, wie sehr wir durch die Auswahl der akustischen Rahmenbedingungen den Erfolg von Meditationen mitbestimmen. Musik ist auch wundervoll als alleinige Meditation zu nutzen.

Auch wenn Meditation im ureigentlichen Sinn eher auf die innere Stille zielt, können gerade Musik-Meditationen diesen Weg (an-)bahnen. Letztlich können wir auch beim Hören von Musik der Stille zwischen den Tönen folgen, die ja Musik erst ausmacht.

Heilende Schwingungen

Tatsächlich gibt es aber noch eine tiefere Ebene, die oft wundervollen Wirkungen von Klangmeditationen zu erklären. Verschiedene Regionen unseres Körpers schwingen in unterschiedlichen, für uns persönlich einzigartigen Frequenzen, wenn wir gesund und in guter Verfassung sind. Werden wir krank oder geraten wir unter Stresseinfluss, verändern sich diese Frequenzen. Durch Klangmeditationen wird unser Organismus fähig, jene Schwingungen aufzunehmen, die uns **wieder in (unsere) Ordnung bringen** und die Harmonie zwischen Körper, Geist und Seele wiederherstellen. Außerdem geben Klangmeditationen dem heute so oft völlig überdrehten und auf unzähligen Ebenen verzettelten Geist die Möglichkeit, sich zu fokussieren, ähnlich wie die mit dem Malen verbundene Mandala-Meditation auf anderer Ebene.

So kann der wieder eingefangene Geist allmählich in einen Zustand tiefer Meditation geraten. Das Klangbad in den Schwingungen von Klangschalen oder Gongs führt so nicht selten von den Tönen zur Stille und insofern von der Musik-Meditation zum eigentlichen Ziel von Meditation – tiefer Stille.

9 Meditation im Stehen

Wer beim Meditieren oft einschläft, weil er ein chronisches Schlafdefizit ange-
häuft hat, sollte dieses auflösen, wie eingangs bei der geführten Meditation
beschrieben (siehe Seite 30 f.). Andererseits sind aber natürlich auch Meditationen im Stehen sehr geeignet, einen wachzuhalten. Selbst bei Meditationen
mit dem verbundenen Atem lässt sich das immer wieder feststellen. Im Stehen wird Wegdriften, -dösen und -schlafen nochmals minimiert und die Ergebnisse sind entsprechend beeindruckend.

Ein schönes Thema für eine geführte Meditation im Stehen ist zum Beispiel der **Baum in den vier Jahreszeiten des Lebens** – Frühjahr und Kindheit,
Sommer und Erwachsensein, Herbst und die Zeit nach der Lebensmitte, Winter und Alter. Die Teilnehmer(innen) geraten, wie auch bei der Stehatem-Sit-
zung, in Trance und stehen die halbe oder auch die zwei Stunden bei einer
solchen Stehatemsitzung meist problemlos durch. In tiefer Trance kann jeder
eine Ewigkeit (durch-)stehen.

Bei ernsten Problemen sind deshalb manchmal auch therapeutische
Meditationen im Stehen angesagt, weil sich vieles leichter durchstehen als
aussitzen lässt und im Liegen die Fluchtwege zu verlockend sind. Das Heraus-
arbeiten von Handlungsoptionen in kritischen oder problematischen Situationen, um einen großen Schritt in Richtung Entwicklung zu tun, ist im Stehen
und in Trance viel aussichtsreicher und gewinnbringender. Trance ist überhaupt ein sehr heilsamer Bewusstseinszustand und lässt sich im Stehen
rascher und wirksamer erreichen.

Gleichgewichts-Meditation im Stand

Je einfacher die Form der Meditation, desto tiefer meist ihre Wirkung. Das
spricht für die Steh-Meditation. Unter den Grundformen Liegen, Sitzen, Stehen ist sie die archetypisch „männlichste" und erfordert am meisten Mus-
keleinsatz und Wachheit.

Im Gegensatz zu der vollkommen entspannten Position im Liegen ist
hier – ähnlich wie beim Sitzen – die richtige Haltung von entscheidender Wichtigkeit. **Den Körper ganz entspannt im Lot zu halten,** mag fast wie ein Wider-

TIPP

LEICHTER STEHEN

Sehr hilfreich ist für alle Steh-Meditationen die Vorstellung, die **Wirbelsäule,** unsere Weltachse, wie eine
schwere Ankerkette aushängen zu lassen, sodass die
Beckenschale wie ein Anker an der Kette locker und
entspannt hängen und frei schwingen kann.

Eine weitere gute Hilfe ist die Vorstellung, bis zum
Hals in körperwarmem Thermalwasser zu stehen, sodass der Auftrieb das Gewicht **aufhebt.**

Als **Fußhaltung** empfiehlt sich generell ein sicherer
schulterbreiter Stand mit parallel zueinander stehenden Füßen wie bei einer Skiabfahrt, die Knie sind am
besten leicht gebeugt, auch wenn das die Oberschen-
kelmuskulatur herausfordert. Aber es ist wichtig für
die optimale Haltung der Weltachse im Lendenwirbel-
bereich.

spruch wirken. Es fordert jedenfalls vom Organismus ein sehr differenziertes
und gut kontrolliertes Zusammenspiel vieler Muskeln.

Der Qigong-Stand

Ihm entspricht auch die Stehhaltung im Tai-Chi und gegebenenfalls im Zen.

- **Wir nehmen dazu einen sicheren schulterbreiten Stand ein** und spüren
  die Fußsohlen in gutem Kontakt zum Boden. Wie bei Sitzmeditationen
  hilft hier die Vorstellung von einem Faden, der uns nach oben zieht.

- **In den Knien beweglich und keinesfalls durchgestreckt,** können wir unser
  Becken wieder gedanklich aushängen lassen. Der Faden zieht uns nach
  oben, das Becken hängt nach unten, sodass unsere Weltachse förmlich
  Wirbel für Wirbel nach unten in die Länge gedehnt wird. Die Wirbelsäule
  kann von ihrer Doppelfunktion entspannen, einerseits unser Wirbeln zu
  ermöglichen und andererseits als Säule zu dienen, auf der so vieles ruht.

- **Bei jeder Form von Stehmeditation ist es entscheidend,** „weich" zu stehen und nicht die Knie durchzudrücken, aber auch nicht einzurosten in einer statisch-festen Position, sondern jederzeit in jede Richtung beweglich zu stehen. Ein schönes Bild dafür ist das einer Wasserpflanze, die vom Auftrieb des Meereswassers jederzeit gehalten, mehr schwebt als steht, von einer sanften Strömung ebenso sanft bewegt und getragen zugleich. Ein Bild, das zur richtigen Einstellung verhelfen kann, ist das der Seerose oder Lotusblüte, die beide ihre Blüten über Wasser haben und entspannt schwimmen, während ihr Körper ganz gelassen unter der Oberfläche – vom Auftrieb gehalten – schwebt. In dieser Position lassen wir unsere Arme gleichsam „aufschwimmen" in eine Haltung, als ruhten und schwebten diese auf einem Luftpolster oder eben im Wasser ganz entspannt von den Schultern bis in die Fingerspitzen.

MEDITATIONSWEISEN

Die richtige Handhaltung

Für die Handhaltung bieten sich drei bewährte Positionen an:

- In der **Grundposition** schweben beide Hände auf Höhe des Hara oder unteren Dantien, dem körperlichen Energiezentrum, circa drei Fingerbreit unterhalb des Nabels. Dabei empfiehlt es sich, sein ganzes Denken und Empfinden während der Steh-Meditation zum Hara zu lenken und das sanfte Heben und Senken der Bauchdecke dort zu spüren. Wenn die linke in der rechten Handschale liegt, berühren dabei die Kleinfingerseiten sanft die Bauchdecke.

- Bei der **mittleren Position** ruhen die Hände auf Höhe des Solarplexus. In dieser Position liegt es nahe, unser Augenmerk aufs Herz zu richten und während der Meditation die Öffnung des Herzens und seine Ausstrahlung zu spüren. Mit dem Ausatemstrom können wir uns vorstellen, wie sich Wellen von Wärme vom Herzen ausbreiten. Hierbei kann die rechte Hand auf der linken ruhen und die Daumenseiten berühren die Brust.

- Bei der **hohen Position** schweben die Hände auf Höhe des dritten Auges, also im Stirnbereich. In der Vorstellung können wir jetzt zwischen den Augenbrauen Raum entstehen lassen, den wir mit strahlendem Licht füllen. Hierbei schauen natürlich ebenfalls die Daumenseiten zum dritten Auge.

Die **Schultern** lassen wir bei all dem entspannt sinken und denken einfach: loslassen, entspannen und sich öffnen. Dabei entweichen alles Wollen und jede Erwartung und wir fühlen uns frei von allen Lasten. Ähnlich verfahren wir mit den Ellenbogen, die loslassen können von aller Durchsetzung und jedem Ehrgeiz – auch sie atmen Entspannung und Gelassenheit –, wie auch Hand- und Fingergelenke, die, frei von allem Wollen und Greifen, auf Luftpolstern schwebend ihre Lebendigkeit spüren und es genießen, nichts erfassen und festhalten zu müssen, sondern einfach nur zu sein wie der übrige Körper.

Nach unten hängt die Beckenschale weich aus und die **Hüftgelenke** dürfen ebenso befreit von allem Fortschrittanspruch einfach sein und Offenheit spüren. Die **Kniegelenke** genießen ihr weiches Spiel und die neue (Bewegungs-)

»IHR SOLLTET MEDITATION THICH NHAT THAN ÜBEN BEIM GEHEN, STEHEN, LIEGEN, SITZEN UND ARBEITEN, BEIM HÄNDEWASCHEN, ABSPÜLEN, KEHREN UND TEETRINKEN, IM GESPRÄCH MIT FREUNDEN UND BEI ALLEM, WAS IHR TUT.«

TIPP

STEHEN WIE EIN BAUM

Wir spüren uns vielleicht selbst wie ein Baum. Fest verwurzelt in Mutter Erde dürfen wir es wagen, zu wachsen, den Kopf zum **Vater im Himmel** zu erheben und ganz durchlässig zu werden für die Energien von unten und oben, die sich in unserem Herzen begegnen und vereinen, sodass wir spüren, wie wir zugleich **Erd- und Himmelswesen** sind und immer waren.

Freiheit und öffnen sich der Möglichkeit echter Demut. **Fuß- und Zehengelenke** spüren die Verbindung zur Erde und werden durchlässig für ihre Energie.

Eine neue inständige und damit aufrichtige Ruhe kehrt ein und nur das leichte Heben und Senken von Brust und Bauchdecke verbindet mit dem **Kommen und Gehen des Atems** und der Polarität, während wir in tiefer Ruhe, gelassener Entspannung und völliger Konzentration im Augenblick verweilen. „Aufrecht" und „aufrichtig" machen ihre Verwandtschaft deutlich und „inständig" und „innerlich" fest stehend ebenfalls.

Dazu tritt jenes sanfte **Lächeln in unsere Augen,** dem wir schon begegnet sind. Augen und Wangen entspannen sich sanft lächelnd, während um die leicht geöffneten Lippen ein weiteres Lächeln spielt. Unsere Zungenspitze berührt dabei den Gaumen und schließt den kleinen Energiekreislauf.

Der Blick schweift ohne jedes Wollen in die Unendlichkeit und nimmt doch alles wahr und nichts mehr so wichtig. Unsere Ohren hören alle Geräusche und auch die sich vertiefende innere Ruhe bis hin zur donnernden Stille in besonderen erleuchtenden Momenten der Zen-Meditation.

So stehen wir wie zum ersten Mal, **wie ein kleines Kind,** das dieses Wunder ganz neu erlebt und seine ganze Lebensperspektive ändert sich – staunend und offen oder wie ein uralter Baum, verbunden mit allen Zeiten –, in seinen Wurzeln die Beziehung zu unseren Ahnen und Vorfahren ahnend. Unser Atem fließt sanft und beständig und hält uns am Leben und im Lot.

Die hohe Kunst der Balance

Wer Meisterschaft in der Steh-Meditation erreicht hat, kann einfach dabeibleiben wie bei jeder anderen Meditationsform. Wer weitergehen und –kommen
will, kann aber auch zu einer neuen Übung fortschreiten und damit ins Schü-
ler-Bewusstsein zurückkehren, denn nur lernend sind wir glücklich. **Auf einem
Bein** finden nur die wenigsten auf Anhieb einen festen Stand, weil wir eben
meist unser vorderes Fußgelenk durchgetreten haben und dann auf nur zwei
festen Punkten **einen schweren Stand haben.** Das Stehen auf einem Bein
gelingt am besten, wenn man sich als Ersatz für den notwendigen festen dritten Punkt einen mit den Augen sucht und diesen fixiert. Dann gelingt es
meist, ruhig auf einem Fuß zu stehen und den Spann des einen an die Achil-
lesferse des anderen Fußes anzulehnen. Mit der Zeit und zunehmend mehr
Balance- und Sicherheitsgefühl kann der abgehobene Fuß auch höher kommen und mit der Fußsohle innen am gegenüberliegenden Oberschenkel ein-
gespreizt werden. All das für die beidfüßige Steh-Meditation angeführte lässt
sich nun auf den einfüßigen Stand übertragen.

10 Der kleine Energiekreislauf

Hierbei handelt es sich um eine geführte Meditation in der Qigong-Tradition, die auch als **Neun-Paläste-Qigong** bekannt ist und die Konzentration auf die zentralen Punkte des Meridiansystems betont. Wie andere geführte Meditationen wird sie mit geschlossenen Augen gemacht, die Hände in geschlossener Meditationshaltung mit der Kleinfingerseite am unteren Bauch unterhalb des Nabels. Die Sitzposition ist die des Zazen, aufrecht vom Faden am Scheitel hochgezogen, mit der Zungenspitze sanft am oberen Gaumen anliegend und den Kreis der Energie schließend. Der kleine Energiekreislauf kann wesentlich dabei unterstützen, die ideale aufrechte Sitzhaltung von innen heraus zu erspüren und zu finden. Insofern kann er mit Vorteil als eigene Meditation geübt oder in andere sitzende Methoden eingestreut werden.

1. Station: Zu Beginn lenken wir unsere Konzentration auf das untere Dantien- oder Hara-Zentrum. Drei Fingerbreit unterhalb des Bauchnabels zu finden, stellt man es sich im Innern des Bauchs vor. Dort verweilen wir in ruhigem Gewahrsein für das Heben und Senken der Bauchdecke anfangs für drei ruhige Atemzüge, die wir bis auf sieben und mehr steigern können.

2. Station: Anschließend lenken wir unser Bewusstsein zum sogenannten Dammpunkt **Hui Yin,** dem Ursprungspunkt des weiblichen Zentralmeridians oder Konzeptionsgefäßes. Er liegt im Dammbereich an der Basis des Beckenbodens, zwischen dem hinteren Scheidenende oder männlichen Geschlechtsteil und Darmausgang. Auch hier verweilen wir mit entspannter Bewusstheit für anfänglich drei bis allmählich auf sieben zu steigernde entspannte Atemzüge. Hilfreich ist die Vorstellung, den Atem durch diesen Dammpunkt hindurchströmen zu lassen, mit dem Gefühl, in eine Glut zu hauchen, die zunehmend zu leuchten beginnt. Mit wachsender Übung wird sich der entsprechende Bereich auch ganz konkret spürbar erwärmen. Durch rhythmisches Anspannen und Loslassen der Beckenbodenmuskulatur lässt sich diese Erfahrung beschleunigen und hier fühlbare Wärme entfachen.

3. Station: Der nächste Atemzug bringt die Aufmerksamkeit zum sogenannten Steißbeinpunkt **Wei Lü,** dem Ursprung des männlichen Hauptmeridians oder Gouverneursgefäß, der über den Rücken an der Wirbelsäule entlang bis zum Scheitel verläuft. Etwas höher als der Hui-Yin-Punkt liegt er an der Steißbeinbasis. Bei Sitz-Meditationen ruht das Gewicht idealerweise auf der Fläche zwischen diesen beiden Punkten. Der Wei-Lü-Punkt gibt dabei außerdem Halt nach hinten.

4. Station: Anschließend fließt die Energie und mit ihr unser Bewusstsein zum sogenannten Nierenpunkt **Mingmen,** auch Tor des Lebens genannt. Es ist der Ort der – nach TCM-Auffassung – bei Geburt mitgebrachten Speicherenergie. Er liegt ziemlich genau in der Mitte der Lendenwirbelsäule auf einer gedachten Linie vom Nabel zur Wirbelsäule im Innern vor der Weltachse. Bei Sitzmeditationen ist dies insofern ein heikler Bereich, als wir hier etwaige Energielosigkeit und Schwächezustände spüren und dann gern ins Hohlkreuz fallen oder einknicken. Das Üben des kleinen Energiekreislaufs kann diese Region stabilisieren und helfen, sich gerade aufzurichten.

5. Station: Sie führt uns weiter zum sogenannten Brustwirbelpunkt **Dazhui,** knapp unterhalb des siebten Halswirbels, wo sich die Schulterlinie mit der Wirbelsäule kreuzt. Hier können wir in Gedanken Wärme einströmen lassen und erleben, wie sich die Schulterpartie entspannt und öffnet.

6. Station: Wir lassen unseren Energiefluss weiter aufsteigen, zum sogenannten „Jadekissen" **Yuzhen** im Hinterkopfbereich auf Höhe der Ohren und zwischen ihnen.

7. Station: Hier gipfelt im wahrsten Sinne des Wortes unsere Energiereise nach oben im **Baihui** genannten Scheitelpunkt in der Mitte des Schädeldachs. Hindus sprechen vom siebten oder Kronenchakra. Bei Buddhastatuen wird der Punkt oft durch eine Energieflamme dargestellt, wie wir sie auch im christlichen Bereich von den Flammenzungen zu Pfingsten kennen. Wir können imaginieren, wie sich unser Kronenchakra zum Himmel öffnet, wie uns Licht von dort zuströmt und sich im Körperland verbreitet, sodass wir lichtdurchströmt mehr schweben als sitzen.

8. Station: Von hier trägt uns das Licht wie ein Wasserfall über die Stirn nach unten, um sich im dritten Auge zwischen den Augenbrauen zu sammeln. Dieses **Ajna** genannte sechste Chakra der Hindus ist das obere oder Shao-Dantien, der obere Energiesee im taoistischen Verständnis. Wer seine Aufmerksamkeit an diesem Ort sammelt, mag erleben, wie seine Stirn frei und weit wird und die Augen sich entspannen und ein geradezu seliges Lächeln durch die geschlossenen Lider aus-, aber auch nach innen strahlt. Wer seine Zunge zur Brücke zum Gaumen macht, verbindet den männlichen Zentralmeridian mit dem weiblichen und mag erleben, wie sich Anima und Animus, weibliche und männliche Seele, in ihm näherkommen.

9. Station: Die Energie strebt mit dem nächsten Atemzug hinunter zum Solarplexus, dem vierten oder Herzchakra **Anahata** der Hindus. Es liegt etwa auf Höhe der Brustknospen im Brustbeinbereich und wird auch als mittleres Dantien **Zhongdantien** oder mittlerer Energiesee bezeichnet. Wer Lust dazu hat, kann die Sonne in seinem Solarplexus aufgehen und strahlen lassen und dabei seine Herzenswärme spüren.

10. Station: Hiermit schließt sind nun der Kreis und die Energie strömt weiter hinunter ins **untere Dantien,** wo wir unsere Reise begonnen haben. Im Idealfall sammeln sich hier Empfindungen von innerer Wärme und gehen sogleich in Stille und Frieden über, die sich wiederum mit jedem Atemzug weiter im Geist und im Körperland ausbreiten.

»Suche Stunden der Sammlung,
damit die Seele zu dir sprechen kann.«

ALBERT SCHWEITZER

11 Spezielle Meditations-anwendungen

Dem Tag einen Rahmen geben fällt mit einer Meditationsstruktur aus zwei unterschiedlichen Einheiten der Selbstbesinnung ganz leicht.

Die Morgenmeditation

So wie Bilder in einem Rahmen besser zur Geltung kommen, schenken das natürliche Ritual der Geburt und der (Er-)Lösung im Tod unserem Leben einen solchen. Ähnlich hat es sich bewährt, dem einzelnen Tag einen Meditations-rahmen zu geben. Da nach dem dritten der Schicksalsgesetze im Anfang schon alles begründet liegt, ist jeder Beginn ausgesprochen bedeutungsvoll. So bewusst, wie wir also jeden Tag beginnen, wird im Großen und Ganzen unser Leben verlaufen, da es sich aus der Kette der Tage zusammensetzt.

Hinzu kommt, dass die Nacht mit ihren Träumen der Verarbeitung des Tages dient. Wir fühlen entsprechend am Morgen eine aufgeräumte frische Stimmung und folgen damit der Spruchweisheit „Morgenstund hat Gold im Mund". Ein deutscher Dichter formuliert es viel schöner und poetischer:

> »Jedem Anfang wohnt ein Zauber inne.«
>
> HERMANN HESSE

Die Morgen-Meditation macht sich diesen Zauber und die Frische der Energie zunutze und kann in der von nächtlichen Träumen aufgeräumten Atmosphäre helfen, alte und tiefe Themen zu be- und verarbeiten. Sie hilft uns also, ans Eingemachte heranzukommen. Ob das immer so schön ist, sei dahingestellt. Wie schon erwähnt, bringt Meditation entweder im besten Fall Erleuchtung hervor oder alles, was dieser im Wege steht, und meist Letzteres. Das macht sie im Hinblick auf den vor uns liegenden Entwicklungsweg nur noch wichtiger.

Die Abendmeditation

Im Gegensatz dazu dient die Abendmeditation der Verarbeitung des Tages und seiner Ereignisse. Ideal ist diesbezüglich die Meditation im Liegen vor dem Einschlafen, wo wir im Stile einer geführten Meditation den Tag mit seinen wichtigsten Themen und Erlebnissen nochmals Revue passieren lassen, ihn sozusagen rückwärts nochmals durchleben und verarbeiten. Damit entlasten wir einerseits das Traumleben der Nacht und andererseits haben wir die Chance, entgleisten Ereignissen einen passenderen Verlauf zu geben. Damit können wir zum einen die Vergangenheit reparieren, zum anderen lernen, aus jedem Tag das Beste zu machen wie aus dem letzten Film der Zeit-Serie **Alles eine Frage der Zeit** (im Buch **Die Hollywood-Therapie - Was Filme über uns verraten**).

Den Tag aufräumen mit EMDR

In dieser Art der geführten Meditation rückwärts lässt sich abends einerseits jeder Tag gleichsam reparieren und andererseits können wir so folgenden Tagen auf die (besseren) Sprünge helfen. Besonders harte und schmerzhafte Ereignisse lassen sich mit der kinderleichten Technik **EMDR** (Eye Movement Desensitization and Reprocessing) entschärfen und entspannen. Der Trick der US-Amerikanerin Francine Shapiro ist mehr als überzeugend und dabei so einfach. So wie wir nachts in den Traum- oder REM-Phasen (Rapid Eye Movement) die Augen bewegen, drehen wir hier lediglich den Spieß um und nutzen bewusste Augenbewegungen, um Seelisches besser zu verarbeiten und die gestaute Energie daraus abfließen zu lassen. Wir lassen also im Rahmen einer geführten Meditation unsere Augen erst lächeln und dann kreisen und durchleben wir die schmerzliche oder schwierige Erfahrung neuerlich. Tatsächlich müssen wir uns diesbezüglich nur vorstellen, mit beiden Augen eine liegende Acht zu formen, also mit dem rechten Auge den einen Kreis, mit dem linken den anderen und dieses Spiel einfach weiterlaufen lassen. Diese Methode ist so wirksam, dass die deutsche Ärztekammer sie Psychiatern vorbehält. In meinen Seminaren lernen das aber alle Teilnehmer(innen) in Minuten und von ihnen lernen es auch Kinder und Jugendliche spielend, leicht und in beeindruckender Kürze. Wer solcherart seine Tage aufräumt und rückwirkend verarbeitet, kann in jeder Nacht tiefer gehen in die Seelenbilderwelten des Traumreichs.

Der Bodyscan

Bei diesem von **Jon Kabat-Zinn** entwickelten Entspannungsverfahren des Bodyscans **tastet man liegend in Gedanken den Körper ab.** Man spürt dabei Körpervorgängen, -signalen und -verspannungen nach und wendet sich durch diesen Prozess ganz dem Körper zu. So gewinnt man einen klareren Eindruck davon, was genau in einem vorgeht und fühlt sich Gedanken und Emotionen nicht mehr hilflos ausgeliefert. Das wirkt insbesondere in oder nach akuten Belastungssituationen sehr entspannend und ausgleichend. Wenn man regelmäßig übt, auch wenn man nicht gestresst ist, kommt man in die Lage, für sich einen stress- und schmerzfreien inneren Raum zu entwickeln.

1. **Ziehe dich an einen ruhigen Ort oder in einen Raum zurück.** Lege dich in bequemer Kleidung auf eine Matte oder Decke auf den Boden. Lege ein Kissen in den Nacken und/oder unter die Knie, damit du bequem auf dem Rücken liegen kannst. Sorge dafür, dass du nicht gestört wirst – auch nicht durchs Telefon. Wenn du magst, schließe die Augen und lenke die Aufmerksamkeit in den Körper.

2. **Bequem auf der Unterlage liegend,** sind die Beine hüftbreit gespreizt, die Füße kippen leicht nach außen. Die Arme liegen seitlich vom Körper, die Hände sind entspannt und die Handflächen zeigen nach oben. Hole einmal tief Atem und lasse diesen langsam ausströmen. Richte die Konzentration auf den linken Fuß, insbesondere auf den kleinen Zeh. Kannst du ihn spüren? Wenn du ihn tatsächlich wahrgenommen hast, konzentriere dich auf die mittleren Zehen, dann auf den großen Zeh, den Fußspann, die Fußsohle, die Ferse, den Knöchel. Jedem dieser Körperteile widme mindestens drei Atemzüge lang deine Aufmerksamkeit.

3. **Es folgen das linke Schienbein**, die linke Wade, die Kniescheibe, die Kniebeuge, der Oberschenkel, erst die Vorderseite, dann die Rückseite, die Leistenbeuge, das linke Hüftgelenk.

4. **Nun wechsele zum rechten Bein** und wiederhole die gleiche Abfolge.

5. **Spüre nacheinander** und wiederum jeweils für mindestens drei Atemzüge in den gesamten Beckenbereich einschließlich Hüfte, Pobacken, Genitalien. Dann in den unteren Rücken, den Bauch, den oberen Rücken, den Brustkorb und die Brust, in das Herz und die beiden Lungenflügel. Danach richte die Aufmerksamkeit auf die Schulterblätter und die Schultern selbst.

6. **Du kannst dann beide Arme zugleich erspüren** oder auch einen nach dem anderen: Fingerspitzen, jeden einzelnen Finger, Handfläche, Handrücken, Handgelenk, Unterarm, Ellenbogen, Oberarm, Achselhöhle. Dann erreichst du erneut die Schultern.

7. **Nun spüre möglichst achtsam hinein in den Hals,** ins Gesicht, in das Kinn, die Lippen, die Nase, die Wangen, die Augen, die Augenlider, die Stirn, die Schläfen, die Ohren, die Kopfhaut, den Hinterkopf.

8. **Nimm zum Schluss** noch einen Moment den Körper als Ganzes wahr, atme tief ein, lasse den Atem langsam ausströmen und beende die Meditation.

12 Gebets-Meditation

Im christlichen Bereich hat Kontemplation eine lange Tradition. Das Wort stammt aus der römischen Kultur, wo Templum ein Bereich am Himmel war, der von einem sogenannten Auguren beobachtet wurde, um dann von dieser himmlischen Ebene auf Ereignisse auf der entsprechenden irdischen zu schließen. Die Vorsilbe „Kon" bedeutet „zusammen" wie etwa in Konföderation. Kontemplation bedeutet also oben und unten zusammen zu „tempeln", das heißt, sich über die meditative Beschäftigung mit einem Bereich auf der Erde mit dem entsprechenden im Himmel zu verbinden, insofern ist dies die Umkehrung des alten römischen Rituals. Im Exerzitium der Kontemplation versenkt man sich in ein Objekt christlicher oder weltlicher Bedeutung, um letztlich in sich zur himmlischen Entsprechungsebene zu finden.

Himmel und Erde verbinden

Alles bisher zu den (Sitz-)Haltungen und Einstellungen Gesagte gilt hier in analoger Weise. Ignatius von Loyola verlangte etwa von seinen Jesuiten am Anfang ihrer Schulung, die Leidensgeschichte von Jesus Christus gleichsam in Gestalt von geführten Meditationen nachzuerleben, um sich mit ihrem göttlichen Herrn und seinem Schicksal untrennbar zu verbinden. Aus der kontemplativen Betrachtung der Stationen seines Weges – wie bis heute auf katholischen Kreuzwegen und -gängen – sollten sie sich völlig verbinden mit seinem Leben.

Wer sich also in eine Marienstatue oder ein entsprechendes Bild im Sinne der Kontemplation versenkt, mag so seinen Bezug zur Gottesmutter in geradezu sinnlicher Weise vertiefen und mit seiner eigenen Mutter, aber auch mit **Mutter Erde und Mutter Natur** und letztlich mit der großen Mutter eins werden. Vom Bild auf Erden öffnet sich im Idealfall der Zugang zur himmlischen Mutter.

13 Meditation(en) in Bewegung

Tai-Chi und Qigong

Die klassischen Bewegungs-Meditationen **Tai-Chi** und **Qigong** lassen sich nach meinen Erfahrungen aus einem Buch nicht sinnvoll erlernen, aber umso leichter nachmachen. Entsprechende Videos aus unserem inneren Kreis (www.LebensWandelSchule.com) liefern hierfür gute Vorlagen.

Ansonsten gibt es natürlich **Yoga-Flows,** wie die von **Lucia Nirmala Schmidt,** die aber auch viel besser live als aus Büchern ihren Charme und Zauber entfalten. Anders die Bewegungs-Meditationen von **Bhagwan-Osho.** Sie sind so leicht zu lernen und doch so anspruchsvoll und wirksam.

Die Dynamische Meditation

Die Dynamische Meditation entwickelte Bhagwan in Zusammenarbeit mit dem Münchner Musiker **Georg Deuter,** der die wegweisende Musik beisteuerte. Sie ist in Phasen aufgeteilt und mithilfe der entsprechenden CD überall, wo einem ein (schall-)geschützter Raum zur Verfügung steht, gut auszuführen. Bhagwans Anliegen war, uns - nach seiner Auffassung – für stille Meditationen viel zu aggressionsgestaute, verklemmte Westler zuerst einmal **von unserem Ballast zu befreien.** Das Ergebnis war diese sehr laute, sehr wüste „Meditation".

- **In der ersten Phase** wird dabei für zehn Minuten im Stehen chaotisch und aus voller Kraft geatmet mit dynamischen Bewegungen aus dem Becken, wie wir sie von einem wüsten Liebesakt kennen. Dadurch wird viel Energie in uns aufgewirbelt und kommt ins Fließen.

- **In der zweiten Phase** kommen weitere zehn Minuten, in denen wir all das Aufgewirbelte und Aggressive in uns hinaustoben und -schreien. Wer sich dem hingibt, wird staunen, was er alles an aufgestauter Aggressionsenergie lockermachen kann. Jede der beiden Phasen führt in letzter Instanz zu totaler Erschöpfung.

- Aber es geht noch weiter **mit den dritten zehn Minuten,** in denen wir springend mit hoch in die Luft erhobenen Armen hart auf den Fersen landend das Sufi-Mantram **Hu** rufen oder gern auch englisch „Who?" (= wer?). Das ist kaum durchzuhalten. Aber die Anweisung ist klar: bis an die eigenen Grenzen zu gehen und dann darüber hinaus. Auch diese Phase ist für sich total erschöpfend und erst recht nach den ersten beiden.

- **In den vierten zehn Minuten** kommt die langersehnte Ruhe in einem Stillhalten und -stehen, sobald von der CD das laute „Stopp!" erschallt. Die Anweisung ist: totales Einfrieren. Also man darf gerade noch auf den Fersen landen und bleibt dann mit hoch erhobenen Armen stehen. Das können die längsten zehn Minuten des Lebens werden und man erlebt die praktische Seite der spirituellen Weisheit: **Bedenke, was du dir wünschst, es könnte dir gewährt werden.** Nach der übermächtigen Sehnsucht nach diesen drei ersten dynamischen Phasen ist das Bedürfnis nach Ruhe gewaltig bis überwältigend. Aber zehn Minuten mit erhobenen Armen ist dann mehr Ruhe, als die meisten bewältigen können, zumal dann, wenn sie es mit dem Willen versuchen – wie die meisten – statt in Trance.

- Wenn **die fünfte Zehn-Minuten-Phase** kommt und uns auffordert, sanften, aus dem Innern aufsteigenden Bewegungsimpulsen zu folgen, ist das wie eine Erlösung, die in ein ganz individuelles anweisungsfreies und unprätentiöses Tanzen ganz nach eigenem Empfinden übergeht.

- Die **sechste Phase stiller Meditation im Sitzen oder Liegen** macht dann fast jedem deutlich, was Bhagwan mit dieser Meditation bezweckte und wie recht er hatte. Nach diesem Tanz auf dem eigenen Vulkan ist beeindruckende Ruhe das Ergebnis. Nach zwei Monaten mit dieser Meditation jeden Morgen – wie ich das in Bhagwans Ashram in Poona erlebte – ist man obendrein so körperlich fit, wie ich es seit dem Sporttraining in der Jugend nicht mehr erlebt hatte.

Insofern ist die Dynamische Meditation besonders jenen zu empfehlen, die glauben, Aggressionen wie Wut und Zorn und dergleichen Profanes längst hinter sich zu haben. Nach zwei Monaten morgendlicher Dynamischer Meditation war ich absolut überzeugt davon, alle Wut aller Zeiten aus mir herausgetobt zu haben. Aber ein ebenso nachsichtiges wie gnädiges Schicksal schickte in der Nacht einen Dieb, der mir bis auf das Moskitonetz, unter dem ich schlief, absolut alles stahl, einschließlich meiner Brille. Als ich ziemlich genervt herumjammerte, lieh mir eine Freundin eine Shorts und ihr Fahrrad, damit ich wie jeden Morgen zur Dynamischen Meditation fahren konnte. Und ich staunte nicht schlecht, was da doch noch so alles (an Wut und Aggression) in mir steckte und durch diesen (un-)glücklichen Zwischenfall hochkam.

Kundalini-Meditation

Die nächstbekannte dieser dynamischen Bewegungs-Meditationen aus Poona ist die Kundalini, bei der man sich in einer ersten Phase schüttelt wie eine ins Wasser gefallene Katze: Eine fabelhafte Gelegenheit, **alles herauszuschütteln, was man nicht mehr braucht,** und das ist selbstverständlich vieles. Auch diese Meditation geht über Tanzen in Ruhe über, die am Ende sogar im Liegen sehr genossen werden kann. Andererseits kann ich jedem nur empfehlen, sich mal so richtig auszuschütteln und alles aufzuwirbeln, was nicht ganz fest und sicher ist.

14 Sport und Meditation

Den Brückenschlag zwischen Sport und Yoga hat als Erster der indische Yogi Yesudian mit seinem gleichnamigen Buch gewagt. Tatsächlich gibt es Sportarten, die sich besonders gut auch als Meditation eignen:

Bogenschießen etwa gibt es in der ritualisierten klassisch japanischen Form des **Kyudo,** aber auch in unserer westlichen Form des Sportbogenschießens. Die geballte fokussierte Konzentration auf die Zielscheibe, die Schulung des richtigen Atems, die Mischung zwischen Anspannung und Entspannung kann aus dem westlichen Sport eine meditative Übung machen. Entscheidend ist nicht das Was, sondern das Wie. Bogenschießen und andere ruhige Sportarten, die bloße Technik und Form beinhalten, haben wenig bis nichts mit Meditation zu tun, können aber durch entsprechende Geisteshaltung und -schulung leicht in Meditation übergehen.

»Tu, was auch immer du tust,
ganz und liebevoll,
und du wirst daraus Glück erfahren.«

NICOLAUS KLEIN

Golf ist in dieser Form – wie in dem brillanten Film von Robert Redford **Die Legende von Bagger Vance -** eine Art Zen-Sport des Westens und eine wundervoll kunstvolle Art der Geistesschulung. So verstanden, bietet Golf die Möglichkeit zu lernen, aus der eigenen Mitte heraus zu handeln und die perfekte Verbindung von Wollen (chin.: Yang) und Loslassen (chin.: Yin) in sich zu finden. Tatsächlich wird Golf für immer mehr Menschen des Westens zu einem (Entwicklungs-)Weg. Der erwähnte Film ist – nach meiner Einschätzung – die bei Weitem beste Einführung für diejenigen, die aus diesem Sport eine Meditation und einen Entwicklungsweg für sich machen wollen. „Dieses Spiel kannst du nicht gewinnen, du kannst es nur spielen", sagt Will Smith alias Bagger Vance zu Matt Damon alias Rannulph Junuh – Ball für Ball und

Augenblick für Augenblick. In **Die Hollywood-Therapie – Was Filme über uns verraten** ist er ausführlich gedeutet als Weg zu sich selbst und auch für (Noch-Nicht-)Golfer ein meditativer Hochgenuss.

Der gute alte Skilanglauf

Diese durch die Verbösserung mittels Skating allmählich ins Hintertreffen geratende Sportart eignet sich von ihrem Bewegungsrhythmus her ausgesprochen gut, um bewussten Atem mit bewusster Bewegung harmonisch zu verbinden. Wer diesen Sport im sogenannten Sauerstoffgleichgewicht ausübt, kommt in seinen Rhythmus und ein rundes Fließen, das sehr leicht und fast automatisch in Meditation überführbar ist, wenn wir Ehrgeiz und Ego-Ansprüche heraushalten und dafür **Bewegungsharmonie und Landschaftsgenuss** in den Mittelpunkt stellen.

Tennis und andere Spiele als Meditation

Spiele haben dann eine Chance, zur Bewegungsmeditation zu werden, wenn sie aus Freude gespielt werden, ohne Konkurrenz- und Wettkampfaspekte, also ohne Punkte zu zählen.

Wenn kindliche Absichtslosigkeit ins Spiel kommt, wächst die Chance auf Meditation in jeder Form von Spiel. Dabei ist der Ausdruck Spiel bei den meisten modernen (Wettkampf-)Spielen längst zur Farce geworden. Aber wo ähnlich wie beim Golf der runde Schwung und Bewegungsfluss einer „schön geschlagenen" Vor- oder Rückhand in den Vordergrund tritt, die Schläge „aus dem Bauch kommen" und auf bewussten Atem geachtet wird, kann tatsächlich **meditativ im Hier und Jetzt gespielt** und sogar geschlagen werden.

Meditieren als Lebenskunst

Wo der Tag von einem Meditationsritual eingerahmt wird und sich die Tendenz abzeichnet, die darin geübte Haltung der Achtsamkeit oder, neudeutsch, Mindfulness auf den Tag dazwischen abfärben zu lassen, wächst die Chance, **das ganze Leben zum meditativen Ritual zu machen.** Lebenskunst ist die Übersetzung für das östliche Wort „Askese". Das aber gilt bei uns inzwischen gerade als das Gegenteil, die Vermeidung des allermeisten, was bei uns landläufig als Leben gilt. Tatsächlich aber wäre es wahre Lebenskunst, jederzeit achtsam und aufmerksam bleibend, das Leben in Bewusstheit zu führen und sogar zu genießen. Christus legt uns ausdrücklich ein erfülltes Leben ans Herz. Lebenskunst ist also die eigentliche Erfüllung des Auftrags unserer Kultur. C. G. Jung sagt, die erste Lebenshälfte gehöre der Natur, die zweite aber der Kultur. Insofern ist **Meditation als Lebenskunst** ein zentrales Thema, mindestens mit Beginn der zweiten Lebenshälfte.

Was noch guttut

Wer länger meditiert, verändert in aller Regel auch seinen Lebensstil in Richtung bewussterer Ernährung und Entspannung. Natürlich ließe sich auch gleich von Anfang an ein Lebensstil wählen, der dem meditativen Entwicklungsfortschritt nutzt. Statt sich allmählich und über die Zeit vom reinen Leistungsprinzip und Yang-Pol zum absichtsloseren Yin zu entwickeln, ließe sich schon gleich im Sinne von **Peace Food** auf eine pflanzlich-vollwertige Ernährung umstellen, am besten beginnend mit einer Fastenwoche – wie im Schwesterbuch **Jetzt einfach fasten!** angeregt. Schon die Fastenzeit fördert das meditative Erleben ungemein und die Ernährungsumstellung hilft dem Organismus, weiter zu gesunden. **„Lasst uns gut sein zum Körper, damit die Seele gern in ihm wohne",** sagte die spanische Heilige Teresa von Ávila. Denn in einem gesunden Körperhaus lebt sich die Seele nicht nur leichter und lieber, darin kann sie natürlich auch sehr viel besser, leichter und beschwingter meditieren.

Widmung

Für Nicolaus,

neben dem ich in beinahe 40 Jahren insgesamt mehr als zwei Jahre
beim **Fasten – Schweigen – Meditieren** sitzen durfte. So saßen, schwiegen,
fasteten und übten wir Zazen, sprachen wenig und wenn, dann über
Bewusstsein und Meditation.

Ich habe in all dieser Zeit so viel von dir, Nicki, gehört, gelernt und erfahren.
Danke dafür und dass du so auch mitwirkst an diesem Buch,
dessen Titel dir sicher gut gefallen hätte:
Jetzt einfach meditieren!

Du bist uns immer beim Kinhin und jetzt auch im Leben vorausgegangen
und stehst nun über den Dingen und uns und wahrscheinlich
schwebst du jetzt ...

Schau auf uns, während wir noch weiter meditieren und üben ...

Dein Ruediger

Anhang

Veröffentlichungen von Ruediger Dahlke

Neuerscheinungen 2018:
Die Hollywood-Therapie – Was Filme über uns verraten (mit Margit Dahlke), Edition Einblick (www.heilkundeinstitut.at) · **Alter(n) als Geschenk,** Goldmann Arkana · **Kurzzeitfasten,** Südwest · **Die Peace Food Keto-Kur,** GU

Neuerscheinungen 2017/2016:
Omega – Im inneren Reichtum ankommen (mit Veit Lindau), Arkana, 2017 · **Vegan! Ist das ansteckend?,** Königsfurt-Urania, 2017 · **Fasten-Wandern** (mit Simone Vetters), Knaur, 2017 · **Das Lebensenergie-Kochbuch – Vegan und glutenfrei,** Arkana, 2016 · **Das Tier als Spiegel der menschlichen Seele** (mit Irmgard Baumgartner), Goldmann, 2016 · **Bewusst fasten,** Königsfurt-Urania, 2016

Filme:
Unser Körper – Tempel der Seele, Fastenfilm, 2016 · **Ruediger Dahlke – ein Leben für die Gesundheit,** 2015 (über www.heilkundeinstitut.at)

Grundlagenwerke:
Die Schicksalsgesetze, Arkana, 2009 · **Das Schatten-Prinzip,** Arkana, 2010 ·

Die Lebensprinzipien (mit Margit Dahlke), Arkana, 2011

Krankheitsdeutung und Heilung:
Krankheit als Symbol, C. Bertelsmann, 2014 (überarbeitet, erweitert) · **Angstfrei leben,** Arkana, 2014 · **Wenn wir gegen uns selbst kämpfen,** Goldmann, 2015 · **Die Schattenreise ins Licht,** Goldmann 2014 · **Seeleninfarkt – Zwischen Burn-out und Boreout,** Goldmann, 2014 · **Krankheit als Sprache der Seele,** Goldmann, 1997 · **Krankheit als Weg** (mit Thorwald Dethlefsen), Goldmann, 2000 · **Frauen-Heil-Kunde** (mit Margit Dahlke und Volker Zahn), Goldmann, 2003 · **Aggression als Chance,** www.heilkundeinstitut.at · **Krankheit als Sprache der Kinderseele** (mit Vera Kaesemann), Goldmann, 2010 · **Herz(ens)probleme,** Goldmann, 2011 · **Das Raucherbuch,** Goldmann, 2011 · **Verdauungsprobleme** (mit Robert Hößl), Knaur, 2001

Weitere Deutungsbücher:
Hör auf gegen die Wand zu laufen!, Goldmann, 2017 · **Die Spuren der Seele** (mit Rita Fasel), GU, 2016 (überarbeitete Neuauflage) · **Der Kör-**

per als Spiegel der Seele, Mosaik, 2007 · **Die Psychologie des Geldes,** Goldmann, 2011 · **Die 4 Seiten der Medaille** (mit Christoph Hornik), Arkana, 2015

Krisenbewältigung:

Die Liste vor der Kiste, Terzium, 2014 · **Lebenskrisen als Entwicklungschancen,** Mosaik, 2002 · **Von der großen Verwandlung,** Goldmann, 2013 · **Wie Sex und Liebe sich wiederfinden,** Goldmann, 2017

Gesundheit und Ernährung:

Peace Food, GU, 2011 · **Peace Food – Das vegane Kochbuch,** GU, 2013 · **Vegan für Einsteiger,** GU, 2014 · **Vegan schlank,** GU, 2015 · **Peace Food – Vegan einfach schnell,** GU, 2015 · **Das Geheimnis der Lebensenergie in unserer Nahrung,** Arkana, 2015 · **Veganize your life!** (mit Renato Pichler), Riemann, 2015 · **Richtig essen,** 2006 (E-Book über dotbooks. com) · **Das große Buch vom Fasten,** 2009 · **Fasten – Das 7-Tage-Programm,** 2011 · **Das kleine Buch vom Fasten,** 2011 · **Mein Programm für mehr Gesundheit,** 2009 · **Ganzheitliche Wege zu ansteckender Gesundheit,** 2011 (alle bei www.heilkundeinstitut.at) · **Endlich wieder richtig schlafen** (Buch und CD), Arkana, 2014 · **Die Notfallapotheke für die Seele,** Goldmann, 2014 · **Von**

Mittagsschlaf bis Powernapping, Nymphenburger, 2011 · **Sinnlich fasten** (mit Dorothea Neumayr), Nymphenburger, 2010 · **Die wunderbare Heilkraft des Atmens** (mit Andreas Neumann), Heyne, 2009 · **Störfelder und Kraftplätze,** Crotona, 2016 (alle über www.heilkundeinstitut.at)

Meditation und Mandalas:

Mandalas der Welt, Goldmann, 2012 · **Schwebend die Leichtigkeit des Seins erleben** · **Arbeitsbuch zur Mandala-Therapie** · **Mandala-Malblock,** alle über www.heilkundeinstitut.at

Worte der Weisheit:

Weisheitsworte der Seele, Crotona, 2012 · **Worte der Dankbarkeit und des Vertrauens,** www.heilkundeinstitut.at · **Die Kraft der vier Elemente** (mit Bruno Blum), Crotona, 2011 · **Habakuck und Hibbelig** (Roman), Allegria, 2004

Geführte Meditationen von Ruediger Dahlke:

CDs: www.heilkundeinstitut.at
Downloads: Arkana Audio
Grundlagen: Das Bewusstseinsfeld · **Das Gesetz der Anziehung** · **Das Gesetz der Polarität** · **Die Lebensprinzipien** (12 CDs) · **Elemente-Rituale** · **Schattenarbeit**
Krankheitsbilder: Allergien · **Angstfrei leben** · **Ärger und Wut** · **Depres-**

sion · Die Wege des Weiblichen · Frauenprobleme · Hautprobleme · Herzensprobleme · Kopfschmerzen · Krebs · Leberprobleme · Mein Idealgewicht · Niedriger Blutdruck · Rauchen · Rückenprobleme · Schlafprobleme · Sucht und Suche · Tinnitus und Gehörschäden · Verdauungsprobleme · Vom Stress zur Lebensfreude

Allgemeine Themen: Bewusst fasten · Den Tag beginnen · Der innere Arzt · Energie-Arbeit · Entgiften – Entschlacken – Loslassen · Ganz entspannt · Heilungsrituale · Lebenskrisen als Entwicklungschancen · Mandalas · Naturmeditation · Partnerbeziehungen · Schwangerschaft und Geburt · Selbstheilung · Selbstliebe · Tiefenentspannung · Traumreisen · Visionen · Die Lebensaufgabe finden
Kindermeditationen: Ich bin mein Lieblingstier · Märchenland

Weitere geführte Meditationen und Übungen auf CD:

Die Heilkraft des Verzeihens · Die Leichtigkeit des Schwebens · Die Notfallapotheke für die Seele (Übungen) · Die Psychologie des Geldes (Übungen) · Eine Reise nach Innen · Erquickendes Abschalten – mittags und abends · Schutzengel-Meditationen · 7 Morgenmeditationen

Hörbücher: Der Körper als Spiegel der Seele · Die Spuren der Seele · Krankheit als Weg · Von der großen Verwandlung (alle über www.heilkundeinstitut.at)
Hörbücher: Körper als Spiegel der Seele · Von der großen Verwandlung · Krankheit als Weg · Die Spuren der Seele - was Hand und Fuß über uns verraten (alle über www.heilkundeinstitut.at)
Vorträge auf CD (über www.heilkundeinstitut.at): die Buchthemen und mehr
Videobücher: Geistige Gesetze · Integrale Medizin · Krankheitsbilder · Vegan essen
Filme über Ruediger Dahlke: Die Schicksalsgesetze – Die Suche nach dem Masterplan, Arenico, 2014 · Unser Biogarten (über www.heilkundeinstitut.at)
Filme mit Ruediger Dahlke: Am Anfang war das Licht · Awake · Der Heiler · Herrmann Hesse – Sein erstes Paradies

NEU: Apps

SymSym – Krankheit als Symbol, über iTunes und Google Play · SymSym – Disease as a Symbol, auf Englisch über iTunes

Adressen

Sachregister

Achtsamkeit 19, 24 ff., 56, 66, 70 ff.
Amma 52
Atem 5, 55, 64, 91 ff.
Ayurveda 8
Bhagwan 117
Bhagavad Gita 49
Bilder, innere 30 ff., 36 f., 42 ff., 113
Christus 12, 54, 96, 116
Dankbarkeit 46 f.
Ego 34 f.
Emotionen 19, 25, 97 f.
Erleuchtung 11 f.
Flow 71, 74
Fruchtverzicht (Phala-varja) 13, 22
Gesundheitsvorteile 13, 23 f., 39, 93
Handhaltungen 63, 105
Homöopathie 8
Integrale Medizin 9
Intellekt 31, 33 f.
Intuition 34
Kabat-Zinn, Jon 24, 27, 114 f.
Koan 64
Krankheitsvorbeugung 42 f.
Kundalini 5, 18, 119
Lächeln 41, 75 f.
Loka-Sangraha 13
Maharishi Mahesh Yogi 5, 49 f.
Meister Eckhart 11
Om 53
Osho 5, 18, 50
Psychotherapie 45
Qigong 19, 50, 117   -Stand 103 f.
Schlafdefizit 37 f.
Sitzhaltungen 35, 58 ff., 61 f.
Tai-Chi 17, 19, 50, 82 f., 117
Traditionelle chinesische Medizin
    (TCM) 8
Veden 9
Yoga 9, 18 f., 49 f.
Zen-Künste 88 f., 120

Impressum

© 2018 ZS Verlag GmbH
Kaiserstraße 14b
D-80801 München

ISBN 978-3-89883-740-8
1. Auflage 2018

Projektleitung: Eva Dotterweich
Texte: Ruediger Dahlke
Lektorat: Anna Cavelius
Grafische Gestaltung: Eden &
Höflich, www.edenhoeflich.de
Satz: Christopher Hammond
Illustrationen: Julia Hollweck;
Shutterstock (Umschlag)
Herstellung: Frank Jansen
Producing: Jan Russok
Druck & Bindung: Lanarepro, I-Lana

Die ZS Verlag GmbH ist ein Unternehmen der Edel AG, Hamburg.
www.zsverlag.de |
www.facebook.com/zsverlag

Wichtiger Hinweis

Die Ratschläge in diesem Buch wurden mit größter Sorgfalt von Autor und Verlag erarbeitet und geprüft. Eine Garantie kann jedoch nicht übernommen werden. Ebenso ist eine Haftung des Autors bzw. des Verlags und seiner Beauftragen für Personen-, Sach- oder Vermögensschäden ausgeschlossen. Erkrankungen mit ernstem Hintergrund gehören in ärztliche Behandlung! Bei bereits bestehenden Beschwerden kann das Buch daher keinen fachärztlichen Rat ersetzen.

DANKSAGUNG
Für Lektorat und inhaltliche Beiträge danke ich meiner Lektorin Anna Cavelius.